自慢の先生に、なってやろう！

〜ラグビー先生の本音教育論

近田直人
NAOTO KONDA

ザメディアジョン

第2章 ここがヘンだよ日本の教育 81

第3章 これからの日本の教育のために　175

まえがき

1984～85年に放送され、国民的人気を誇ったテレビドラマ『スクール☆ウォーズ～泣き虫先生の7年戦争～』をご存知だろうか？　これは山下真司主演のスポ根ドラマで、実際にあった話をベースに馬場信浩氏が書いたフィクション小説『落ちこぼれ軍団の奇跡』が原作となっている。

物語の内容はこうである。

校内暴力で荒れ果てた川浜高校にラグビー元全日本代表の滝沢賢治が教師として着任する。滝沢は幾多の困難に立ち向かいながら、体当たりで学園の荒廃を阻止。そして熱血指導により無名の弱小チームだった川浜高校ラグビー部を全国大会出場に導いていく――。

このドラマのヒットにより「ONE FOR ALL, ALL FOR ONE」という言葉は流行語になり、ラグビーというスポーツに注目が集まった。当時は「イソップが死んだときは――」と語り出せば誰もが話に乗ってくるほど人気を博したドラマだった。

ドラマがヒットした理由として校内暴力の嵐が吹き荒れる社会情勢を反映していた点も挙げられるが、実はちょうど同じ頃、まさに私も『スクール☆ウォーズ』と同じような状況に直面していた。

ドラマの主人公である滝沢賢治ほど立派なラガーマンではなかったが、中高大とラグビーに明け暮れていた私は1986年、大阪きっての不良校との評判の住之江高校に赴任した。

そこからはじまったのは、文字通り生徒たちとの〝格闘〟の日々だった。学業での落ちこぼれに端を発し、大人不信、学校不信、教師不信に陥ってしまった子どもたち。彼らの中には暴走行為、飲酒喫煙、シンナーなどに明け暮れ、教師に対しても容赦なく暴力を振るってくる生徒たちも少なくなかった。

そこで私は師と仰ぐ先生に出会い、生徒たちと向き合うことに熱中していく。ラグビーで学んだ前へ前へと突き進むガッツで生徒にぶつかり、クラスや学年がひとつにまとまるようガムシャラに吠えまくった。

そんな戦場さながらの日々の中で常に私の心にあったのは、次のような言葉だった。

自慢の生徒にしよう。
自慢の先生になろう。
一生の付き合いにしよう――。

あれから30年以上の歳月が流れた。
私は荒れた学校だった住之江高校を振り出しに、次はエリート校である高津高校、そして住吉高校、柏原東高校、平野高校、清水谷高校と全6校を渡り歩いた。平野高校のときには教頭まで務めさせてもらった。それぞれの学校にはそれぞれの生徒がいて、優等生から不良、引きこもり、気のいいヤツ、ずるいヤツ、優しいヤツ……どんな生徒に対しても私は前述の言葉を胸にぶつかってきた。

そんな自他ともに認める熱血教師だった私が昨年、教師を退職した。そして何をやったかといえば、大阪府議会議員選挙に立候補して、そして落選したのだ。いったいどうして一介の体育教師が選挙に出ることになったのか——詳しくは本文を読んでいただきたいが、その一番の理由は私自身が昨今の教育を巡る状況に強い疑問を感じていたからである。

今はあまりにも問題があふれている世の中だ。いじめ、自殺、引きこもり、ニート、モンスターペアレント、ドメスティックバイオレンス、ストーカー、青少年が犯す信じがたい凶悪犯罪……教育の分野に限ってみてもさまざまなニュースが連日報道されているし、世間一般で起こっている事件に関しても「元を辿れば、ちゃんとした教育を授《さず》けていないからこんなことが起こっているのでは？」と思わせられるものが少なくない。

それはおそらくそうなのである。

社会がおかしくなっている一因は、教育がおかしくなっていることにある。学校がちゃんと子どもを育てられていないから、そのまま社会に出てしまった子どもたちが問題を起こしてしまうのだ。


本書は私が今の教育を巡る状況について率直に記したものである。

まず第1章では私がこれまで辿った教師生活、そして選挙に出馬したときの様子を時代順に書いている。ある意味、この本を書いている近田直人とはどういう男なのか、長い自己紹介のようなものとも言えるし、その中で私が何を感じ、何を支えに生徒たちに接してきたのか、私なりの教育哲学がわかるようにもなっている。

また、それは見方を変えれば、この30年間に起こった大阪の教育行政を巡る変化に対する現場からの証言としても読むことができる。

第2章ではさきほど挙げた現在の教育にまつわる問題に関して、私なりの意見をコラム形式で執筆していった。面白いことに気になるニュース項目について書いていくと、そのほとんどが根底では同じ病巣につながることがよくわかる。これを読むことで学校教育の持つ役割の重大さと、今の大阪の教育をとりまく空気の異様さが感じられることだろう。

そして第3章では私なりの教育の未来図を描いてみた。30年間教師一筋でやってきた私からの教育界へのメッセージだと思ってもらいたい。

現在子どもを持っている親御さん、今の社会に「どこかおかしいぞ?」と違和感を感じている人、最近の大阪の行政に不満がある人……この本は多くの人に読んでもらいたいが、その中でも私がもっともこの本を手に取ってもらいたいと願うのは実際の教育現場にいる先生たちである。

とにかく私の想いは、学校がよくなってほしいというそれだけなのだ。そのためには生徒と直接接する教師がイキイキと、やりがいを持ってくれないとどうしようもない。

その中でとりわけ私が期待しているのは、若い先生たちである。これからの日本の教育を担っていくのは彼らであり、彼らの活躍がさらにその先の日本を背負っていくはずの若者たちを作っていくのだ。

そんな彼らに私が伝えたいスピリットは、ただひとつ。

自慢の生徒にしよう。
自慢の先生になろう。
一生の付き合いにしよう——。

それは具体的にどのようなものなのか。
これからはじまる文章で皆さんの何かが少しでも目覚めてくれたなら私は満足である。

近田直人

第1章

ラグビー先生が選挙に出るまで

出身は〝河内は八尾の高安地区〟——河内の気質を色濃く受け継いで育った

私は１９６２年（昭和37年）11月26日、大阪で生まれた。現在54歳。生まれも育ちも八尾市の服部川（高安地区）というところだ。

八尾市というのは大阪の東端に位置し、奈良県と接している。俗に言う〝中河内地区〟で、昔から河内の気質——粗暴だけど人情味がある——が濃い土地である。もともと私の母の実家が八尾で造園業をやっており、地元の青年団活動などとのつながりも深く、地域に根差した環境で育った。

多くの人に河内出身だと言うと、「言葉が汚いところ」「怖いところじゃない？」という答えが返ってくる。そもそも河内弁は大阪弁とも異なっていて、いわゆる「おい、ワレ」の世界である。昨今の若い子はさすがに使わないが、私たちの世代にはまだその言い方は残っている。

八尾で悪さをしていると、近所のおっちゃんから「おい、ワレ、何しとんねん」と声をかけられる。この地域では普通に近所に怖いおっちゃんが暮らしていて、それが若者の非行化の抑制になるという昔ながらの日本社会が残っている。

また、河内の人間は遊び方もお金の使い方もスパッとしている。たとえば夜お酒を呑もうということになり、私が1万円、友人が3万円持っていたら、この合計4万円を使い切るまで呑むことになる。友達が5人いたら5人分の持ち金を全部ビニール袋に入れて「これで呑むで」となる。そういう後腐れのないスッキリした気質も河内の特徴である。

他にも河内の人間は「ヤンチャで向こうっ気が強く、見栄っ張り」だの「言葉は汚いけど実はナイーブ」だの、いろんな性質がある。「男たるもの――」という意識が強く、たとえ苦しいときでも漢気を前面に押し出そうとする美意識がある。それも男女平等の世の中であるがゆえ、河内らしくて美しいと思う。

そんな土地で育った私は、河内の気質を色濃く受け継いでいる。実際河内で生まれ育った誇りも持っているし、これから綴っていく私の半生を読んでもらえば「河内出身という出自の部分が大きく影響しているな」と感じるところも数多くあるだろう。

小・中学校のときに出会った素晴らしい恩師の存在

私は4人家族の次男として育った。父は大阪の公立高校で教師をやっていて、最終的には校長まで務めた。こう書くと「父親にあこがれて教師になった」と思われるかもしれないが、個人的にはそうは思っていない。父親はまさに公務員的な教師であり、なるべく波風を立てたくないというタイプ。むしろ私は父のことを反面教師的に捉えていたところがある。

私は子どもの頃からヤンチャでガキ大将だった。社交的な性格で先輩にもかわいいがられるし、後輩の面倒もよく見ていた。いつも「ナオさん、ナオさん」と声を掛けられ、仲間同士でモメ事があったときは必ず仲裁役に駆り出された。仲間と一緒に無茶もしたが、私自身は恩師・友人・家族に恵まれ、大きく道を踏み外すことはなかった。

小さい頃から外で遊んでばかりいた私だが、その頃は「将来教師になろう」なんてことはまったく考えてなかった。ただ、いま振り返ると何人かの素晴らしい恩師に出会い、彼らの存在が私を教職の道に導いてくれたのかも、と思う。

私が好きだった先生のひとりは、小学校5～6年生のときに担任してくれた田渕先生である。田渕先生はまだ若い20代の先生で、私たちとよく遊んでくれた。昼休みになると生徒と一緒に相撲をとり、みんなを集めて野球をする。理科の実験の授業でもいつも私たちをびっくりさせてくれた。そんなヒーローのような田渕先生を間近に感じて、初めて「先生っていいな」という気持ちを持ったことを憶えている。

高安中学に進んだ私は野球に没頭した。野球部の顧問である葭仲《よしなか》先生には徹底したしつけと基礎練習で鍛えることの大切さを教えてもらったが、中学でもうひとり、私の進路に大きな影響を及ぼしたのが松本先生だった。松本先生は私の中学校2〜3年生のときの担任で体育教師。松本先生が不思議なのは、とてもとても怖い先生にもかかわらず生徒全員に心から慕われていたことだった。

たとえば中学校2年生のテストのとき、自分ではいい点数がとれたと思っていたが、松本先生は私の尻を棒で叩き「おまえはあかん。おまえはまだ何点足らん！」と言ってきた。私は先生にどつかれるのが嫌で勉強に励み、結果的に地域で一番の進学校に進むことができた。

いくら厳しくても先生が嫌われなかったのは、先生の言動がすべて生徒のことを想ってのものだとみんなわかっていたからだろう。生徒のことを想うからこそ、先生は厳しく、強制力をもって私たちに接してくれたのだ。

松本先生は厳しい指導で教師の在り様を教えてくださったことに加え、もうひとつ生涯にわたる財産を私に授けてくれた。

先生はラグビー部の顧問だった。中学時代、私は野球部に入っていたが3年生の夏に引退すると、先生から「おまえ、野球部を引退したんならラグビーせんか？」と声を掛けられた。怖ろしい松本先生の頼みを私が断れるはずがない。

しかしそれは運命の出会いだった。私はラグビーの面白さにあっという間に目覚め、のめり込んでしまった。

そこから今に至るまで、40年近く続くラグビーとの付き合いのスタートである。

ラグビーの魅力は前への意識、仲間との一体感そして自分を感じられること

ラグビーの魅力とは何だろう?

私は前へ前への意識と仲間との一体感、そして自分が何者であるか感じられること、その3点を挙げたいと思う。

ラグビーとは、とにかく自分の想いをまっすぐ伝えられるスポーツである。ラグビーは細かく学んでいけばいろんなルールがあるが、基本的には単純そのものだ。いわく「ボールを持ったら前に行け」。そのわかりやすさが私にとっては魅力だった。最初に松本先生に誘われてラグビー部の練習に顔を出したとき、私はラグビーがどんなスポーツなのか何ひとつ知らなかった。先生はそんな私にボールを渡すと、ただ一言「走れ」とだけ言った。「行きたかったら行ってええで」。

私は訊いた。「敵が来たらどうしたらいいんです？」。先生は答えた。「そんなんぶつかっていったらええやん」。「え、そんなことしていいんですか⁉」――その小賢しいところのまったくないシンプルさは当時の私には衝撃的だった。

私は先生の言われた通り、ボールを持って前に走った。ただひたすら前へ前へと走っていくと気持ちがみるみる晴れていくようだった。そして勇気をもってタックルに行き、それが決まったときにアドレナリンが溢れ出た。逆にタックルに行けなかったときは、敵にひるんだ自分自身が悔しくて仕方なかった。私は「こんな素晴らしいスポーツがあったのか！」とすぐにラグビーに夢中になった。

ラグビーはそんな個人技に加えて、仲間との一体感も魅力的なスポーツだった。ラグビーとは相手と接触するスポーツであるとともに、仲間とも接触するスポーツである。ラグビーを知らない人でもスクラムを組んでいる光景は想像できると思うが、味方同士が身体をくっつけ、肩と肩をがっちり組み合うことを〝バインド〟と呼ぶ。こうした肉体的な一体感は、気持ち的にも何とも言えない一体感をもたらす。

そしてラグビーは仲間意識が常にプレイに反映されるスポーツだった。試合中ボールを持った選手が敵に捕まったら、みんなでバインドして押し戻す。高校のときは見るからに頼りないチームメイトがいたが、彼がビビッている様子だと全員が「おれが助けたる！」という気持ちでサポートに回った。

つまりラグビーは誰かが捕まったら助け、できる奴ができない奴のぶんまで頑張るという互助精神が徹底されたスポーツだったのだ。試合に勝つためには気持ちもそうだが、物理的にも仲間とつながっていなければいけない。その気持ちも身体もひとつになったときの快感というのは、一度経験してしまうと忘れられない格別なものである。

そしてラグビーは自分が何者であるか感じられるスポーツでもあった。ラグビーは人が成すものであり、どんな人がラグビーをするかでどんなラグビーができるかが決まる。逆にどんなラグビーができるかで、プレイヤーがどんな人なのかも見えてくる。

勇気のある人は勇気のあるラグビーができる。勇気のあるラグビーができるようになれば、勇気のある人になることができる。

つまりラグビーはその人の人となりを表す競技で、さらなる高みに己を導いてくれるものだったのだ。

人生において大事なことの多くはラグビーから学んだ

中学3年生でラグビーに目覚めた私は、進学校の八尾高校に進学するとラグビー漬けの毎日を送るようになった。

ただ、八尾高校ラグビー部は全国大会に行くほどのレベルではなかった。そのときの「全国レベルでラグビーをやってみたい」という気持ちが、その後私を筑波大学に進ませることになる。これは国公立でラグビーが強い大学は当時筑波大学しかなかったからで、簡単に言えば私はラグビーで自分の進路を決めたのだ。それだけラグビーがすべてだったのである。

ラグビーから学んだことは数え切れない。たとえばそれは経験するポジションによっても変化した。

私は高校時代は〝プロップ〟と呼ばれる役割をやっていた。これはスクラムの最前線に位置するポジションで、敵とも味方とも接する場所である。プロップの仕事は、相手の力を計りつつ、なおかつ相手に自分たちの力を伝えるということ。これは教師になってからも生徒と教員がぶつかる最前線で、それぞれの力を把握しながら指導を行っていく際に役立っている。

また、私が大学時代に抜擢されたのは〝フランカー〟というポジションだった。ここは運動量と機動力、判断力が必要で、誰かが敵に捕まったときに一番最初にサポートに行くポジション。また、誰かが抜かれたときにも一番最初にタックルに行かなければならない。つまり常に全体の状況に目を配り、誰よりも早く事態の収束に動くのがフランカーで、これなどびっくりするほど学校内における私の役割と同じである。

他にも高校時代はキャプテン、大学時代は副キャプテンを務めたことで、チームをまとめ上げていく能力も身に付けた。ラグビーというのは精神的にも肉体的にも自分を鍛えていないとできないスポーツで、それを40年近く続けてきたことで常に自分に対しても厳しく向き合えた気がする。

そのまっすぐな世界観、仲間との一体感、チームを引っ張るキャプテンシー、危機察知能力、自分に対するストイックさ……とにかく私は高校、大学とすべてをラグビーに捧げた。本当に明けても暮れてもラグビーばかりだった。そんな私は人生において大事なことの多くをラグビーから学んだと断言できる。

何度も書くが、今の私があるのはすべてラグビーのおかげなのである。

トップレベルのラグビーに惹かれて選んだ教職の道

先程も書いたように高校卒業後、私は筑波大学に進学した。筑波に行ったというと「教師になることを考えていたの？」と思われる方も多いだろうが、正直そこまで強く意識していたわけではない。

それよりも当時の私にとって大事だったのはラグビーである。より高いレベルでラグビーができる環境（なおかつ家庭の事情で国公立以外は選べなかった）を求めた結果、筑波に行き着いたというのが本当のところである。

大学時代はラグビーと遊びに明け暮れた。初めての親元を離れての生活。昼は授業に励み、授業が終われば練習に打ち込み、練習が終われば仲間と一緒に酒を呑んだ。それは私にとってまさに青春時代で、そんな日々をすごしていると4年間などあっという間だった。

4年生になって、いよいよ進路をどうするかとなったときも、私は将来に対する確たるイメージを持っていなかった。教師になるという線はあったがそれはあくまでボンヤリしたものであり、民間企業に進むことも並行して考えていた。つまり自分の将来についてあまり真剣に考えていなかったのである。

私はとりあえず大阪府の教師採用試験を受けてみた。教師に関しては「まあ、なれたらいいな」という程度の軽い気持ちだった。

だが、運よく試験に合格する。そのとき私の中に、ひとつの想いが頭をもたげた。当時、大阪府教員によるチーム「大阪教員団」が関西社会人ラグビーのトップ、Aリーグに所属していた。大阪教員団は現在はトップウエストBに落ちてしまっているが、その頃はトップカテゴリーに所属していて神戸製鋼などと同じリーグで活動していた。

私は思った。大阪で教師になれば、神戸製鋼と試合ができる。社会人になってもトップレベルでラグビーができるなんて、こんな素晴らしいことはないじゃないか！……。

教育への熱意などさほど感じることもなく、私は地元に戻って教師になることを決めた。恋は盲目とよく言うが、本当に私はラグビーの前では盲目だった。私は大学進学に続いて就職まで、またしてもラグビーで自分の人生を決めてしまったのである。

そして１９８６年（昭和61年）４月、私は晴れて教員になった。最初に赴任したのは大阪市住之江区の南港にある住之江高校だった（２００５年に閉校。現在は同施設を咲洲高校が使用している）。

そこで私は生涯の師である野元良実先生とお会いすることになる。

野元良実先生がもたらしてくれた〝教師としてのめざめ〟

多くの方が想像するように、ずっとラグビーに熱中していた私はこの時点ではまるで教師の体を成してなかった。まだ学生気分を残したままだし、なんといっても教師になった一番の理由はトップのリーグでラグビーができるからなのだ。高校に入っても頭の中は大阪教員団チームでのプレーと顧問を務めるラグビー部のことばかり。教育がどうとか、生徒がどうとか、そういうことを考えることは二の次になっていた。

そんな私に野元先生は教師とはどういうものか、ひとつずつ教えてくれた。先生はまずラグビー部の部活ばかりに力を注ぐ私をしっかり諭してくれた。

「おまえ、学校の生徒を全員部員だと思ったれよ」――あるとき先生が近づいて来て、ポロッとそう言われたのだ。

教師になってすぐの私は、活動の軸足がラグビー部にあった。生徒を鍛え、強いチームを作るために懸命だった。あの頃の私は〝教師〟というより〝ラグビー指導者〟で、どちらが片手間かと訊かれたら明らかに学校の授業の方が片手間になっていた。それを先生は「おまえの本分は教師だぞ」と気付かせてくれたのだ。

野元先生は私に言われた。

普通、顧問の教師は自分の指導するクラブの部員に対して厳しく接する。「〇〇部の看板をけがすな！」と言って厳しく指導する。ではどうしてクラスの子を同じように叱ったりしないのか？　クラス全体、もしくは学校全体を自分が受け持つ部活動だと捉えていたら、生徒一人ひとりに対しても、もっと真剣になれるんじゃないか、と――。〝生徒全員が部員〟

それは私にとって目からウロコの指摘だった。というのも教師1年目の私はまさしく指導のカベにぶつかっていたからだ。

私は高校、大学とラグビー部のキャプテンを務めていたこともあって、人を束ねることには多少の自信を持っていた。しかし住之江高校に入ってからは「あれ？」ということの連続だった。私のやり方が生徒にまったく通用しないのだ。

そこに飛び込んできたのが、野元先生の言葉だった。

「なあ、コンダラ（野元先生はいつも私をこう呼んだ）……なんで生徒がおまえの言うことを聞かんかわかるか？　あいつらは愛情に飢えとんねん。おまえは今、ウェイトの掛け方がクラブに偏りすぎとる。それが生徒に伝わっとるねん。おまえは試されとるねん」

私はその言葉にハッとした。愛情を注いでいないから自分の言うことを聞いてくれない。気持ちが自分の方に向いてないことが生徒に伝わっている。確かに自分はクラブにばかり力を注いで、生徒指導をないがしろにしていた……。

「これは考えを変えていかなければいけないな……」

そう思わされた瞬間であった。

野元先生は私の中にどんどん踏み込んでこられた

ここで改めて私の師である野元先生について書きたいと思う。

野元先生は私より2回り近く上の先輩である。いま考えたらそれほどベテランという年齢ではないが、当時はまるで父親のように感じられた。先生にそれだけ人間力と貫禄があったということだろう。

先生は私と同じ体育の教師で、柔道の専門家である。ぱっと見はそのへんのオジサンとなんら変わりないのに、生徒にはとても親しまれていた。「次は野元先生の授業やな。今日は何話してくれるんやろ?」といった生徒の声を一体何度聞いたことか。

そんな野元先生に私はトコトン鍛えられた。とにかく厳しく、なおかつ丁寧に。そして本当によく叱られた。私も大学生活で経験を積んでいたので、自分に対してそれなりの自信はあった。しかし教壇に立つようになると自分の力のなさはすぐに露になったし、自分自身がとんでもなく思い上がっていたことにも気付かされた。野元先生はそんな私の様子を見ながら、ひとつひとつ教育の本質を教えてくださった。

少し話は逸れるが、根本的に教育現場において教師が教師を育てるという意識は希薄である。特に昨今の公務員の風潮として「あなたがやった仕事に対して私は文句を言いません。その代わりあなたの失敗はあなたの責任ですよ」という自己責任論がある。それはある意味「私のところには踏み込んでこないで」という無言のサインでもある。

しかし当時は今とはまったく違った。少なくとも住之江高校ではそうではなかった。野元先生は先輩教師として私の中にドンドン踏み込んでこられた。そして間違っているものは間違っていると教えてくれた。その代わり「言った以上はわしがおまえのケツを拭いたる」と常に私を見守ってくれた。そういう濃密な関係の中で私は学校教育の何たるかを学び、一人前の教師へと育っていったのである。

「最終的には人徳でピラミッドを作るしかないんやで」

学校教育の現場には基本的に命令系統が存在しない。会社だと社長↓部長↓課長↓ヒラというピラミッドができていて、上から下に強制力をもって伝えることができるが、教育現場ではそれはできない。校長、教頭、首席（大阪府で設置されている教師たちの主任的立場）以外はみんな横並び。新米教師もベテラン教師も立場的には同じなので、教師が教師を指導するということが公にはできない仕組みになっている。

野元先生はそのことをよく知っているがゆえに、よく「最終的には人徳でピラミッドを作るしかないんやで」と言っておられた。「おまえがどんな教師か、おまえがどれだけ頑張っているかで、おまえの下ができる。おまえには何の命令権もないけど、おまえ次第で若いやつは育っていくんや」「おまえもわしのこと信用できへんかったら、わしの言うこと聞かんでええで」――そんなふうにも言っておられた。

野元先生は3年前に他界されたが、ずっと私の胸にあるのはその言葉である。先生は最後に市岡高校の校長まで務められたが、自分を貫き通し途中で退任された。私も先生が私にしてくださったのと同じように、若い先生を育てていきたい。先生の教えを伝えていきたい。それが先生に対する最大の恩返しになるはず――それが今の私を支える最大のモチベーションになっている。

先生には本当に多くのものを教わったが、教師としての幸せがどういうものかということもそのひとつである。先生の元にはいつも多くの教え子が訪ねてきた。住之江高校以前に教えていた生徒も「先生、来たで」と普通に職員室にやってくる。そのたびに先生は「コンダラ、おまえも来い！」と言って、私を呑み会の席に連れていった。

いま考えれば、先生はそういう付き合いも含めて教師と生徒の在り方というものを私に見せてくれていたのかもしれない。先生と元教え子たちとの関係はいつも温かく、イキイキしていた。「高校の3年間だけでなく、卒業した後も一生付き合っていける関係性っていいだろ？　おまえもこういうふうに教え子が訪ねてくるような先生になれよ。生徒たちとこういう付き合い方をしていけよ」と――。

もう本当のことを訊いてみることはできないが、それも先生の〝指導〟の一環だったと今、痛切に感じている。

当時の住之江高校は俗に言う〝荒れた学校〟だった

さて、話を本筋に戻そう。

私は住之江高校で野元先生のアドバイスによって、やっと教育というものに真剣に向き合いはじめた。ラグビー一辺倒だった頭の中が、少しずつクラスや学年といったものに向くようになっていった。

そうして眺めてみると、私の通う住之江高校は俗に言う〝荒れた学校〟だった。バイクが校舎の周りを走り回ることもあるし、校内のトイレはタバコの煙が立ち込めている。教室内での喫煙も少なくなかった。

もちろん中には真面目な生徒もいたが、当時の住之江高校は「他に行く学校がないからここに来た」という生徒も多く、自分の通う学校に誇りを持てず、教師や大人に不信感を抱いている子も多かった。

私が赴任して最初の授業では、いきなり極めつけのような事件が起こった。私が生徒を注意すると、生徒が殴りかかってきたのだ。一体どこに生徒が新任教師に襲いかかってくる学校があるだろう。私にとっては、いや誰にとっても想像もしていない状況である。

彼らは基本的に教師の実力や資質、本気度をなめてかかっていた。だからまずは教師を試そうと殴りかかってくるのだ。そこで負けてしまったら「こいつはあかん」というレッテルが貼られ、その後何をやっても相手にされなくなる。ただ、力で勝っても何の解決にもならない。それは試される段階が終わり、こちらの話を聞いてもらえる素地ができたというだけである。

ちなみに、そのことに対して野元先生は事前に何も言ってくれなかった。そして私が生徒にやられると「やられたか」と言って笑っていた。最初から「注意しろよ」とは言わず、いったん経験させて、その後でしっかりサポートしてくださるのが先生のいつものやり方だった。

「わかるか、あいつらにそうさせたんはおまえやで。おまえが『こいつ腹立つ、敵や』『こいつだったらいける』と思わせとるからそうなるんやで」

当時テレビでは『スクール☆ウォーズ』がヒットしていたが、まさに校内暴力の嵐が吹き荒れていた時代である。そんな洗礼をくぐり抜ける中で私が感じたのは、生徒からの不信感だった。いや、教師に対する敵意と言ってもいい。彼らの目には「どうせおまえら、俺のことなんかどうでもええと思ってるやろ。おまえらには何もしてもらってないわ」という憎しみが宿っていた。それは親から愛情を注いでもらえず、大人や教師からロクに相手にされてこなかった者の目だった。

どうせ勉強もできないおれらの相手なんて誰もしてくれへんのやろ、本気で相手するつもりなんてないんやろ……彼らの目は私に対して、そう訴えかけていた。

力だけの強制力と愛のある強制力はまったく違う

着任したての私は生徒からの反発に対し、ひとまず力には力で返していた。実際あのような状況で力以外の何が役に立っただろう。

「スキを見せたらやられる……」という緊張感の中で、私はとにかく強制力でこちらの言うことを聞かせようとした。生徒のことをひたすら怒鳴り、向こうが力で来たらこちらはそれ以上の力で対抗した。しかしそんな懸命の努力にもかかわらず、彼らは私の話をまったく聞こうとしなかった。

いま考えたらわかるのだ。力だけの強制力と愛のある強制力はまったく違う。その頃の私は生徒を支配したいという欲だけで怒っていた。「こいつらになめられたらいかん」という対抗心だけが原動力だった。しかしそれでは生徒は付いてきてくれない。どうして私が怒っているのか、その理由が生徒には見えないからだ。

風向きが変わってきたのは、私の行動が少しずつ生徒たちの信頼を勝ち得るようになってからである。結局生徒にとって大事なのは、言葉ではなく行動なのだ。その子のために何をしてあげたか。しょせん行動がともなわない指導など、本気で言っていても説得力はない。

私はとにかく生徒たちのために行動した。私は親から電話がかかってきたら、その子の家にすぐに飛んで行くことにした。電話がなくても気になることがあったら家庭訪問する。するとその子のことがだんだんわかってくる。学校を休んでいると聞くと「たぶんあそこにおるんちゃうか？」と想像できるようになる。それで行ってみると「来てくれた！」という嬉しさと、「なんでここがわかったん？」という驚きで生徒の私への信頼は一気に増す。

ある女生徒の場合もそうだった。彼女は長く学校を休んでいて、もうこれ以上休んだら進級が危ぶまれるという状況だった。どこにいるかもわからない。友達のひとりに訊くと「もしかしてあのへんのグループで生活してるんちゃう？」。行ってみると男５～６人の中に彼女がひとりポツンといた。

最初は「このオッサンなんやねん」と嫌がられたが、やがて彼女は「なんで先生ここがわかったん？」と訊いてきた。「本気で探したらわかんねん」と答えた。それを機に、彼女は学校に戻ることになった。

面白いもので、こういう事件がひとつあると生徒の反応はガラッと変わる。噂はすぐに広がっていく。「あの先生、怖いけど意外とわかってくれるで」「おれらのこと本気で想ってくれてるで」……そこからは早かった。生徒の私を見る目つきがまったく変わった。その変化を受けて私のモチベーションもさらに上がった。

最初はラグビー部の部員30人を相手にしていたはずなのに、気が付けば私は一学年の生徒６００人を見るようになっていた。そして、

「これだけたくさんの子どもたちが、先生、先生って言ってくれることってないな。これをもっともっと続けていきたいな！」

と心から思えるようになっていた。

世間は彼らを落ちこぼれ、不良と呼ぶが、本当の姿は、本気の愛情に飢えた、中身は素直なかわいい生徒たちである。

生徒のために本気で行動する。その本気度が生徒を変えていく。学年を変えていく。学校を変えていく――気が付けばラグビー部の部員はもちろん、どの生徒も愛おしく思う自分がいた。いつのまにか私は学年を愛し、学校全体を愛していた。

住之江高校の教え子たちは、そんな自分に気付かせてくれたのである。

忘れられない手痛い失敗が教えてくれたこと

結局、私は住之江高校に9年間いた。20代のほとんどをすごしたことになる。

そこで教師という職業に目覚め、仕事のやり方をひとつひとつ学んでいった。プロの職業人として生徒にスキを見せないこと。生徒と一生の付き合いをするつもりで向き合うこと。こちらが本気で向き合えば、向こうも本気で返してくれること。言葉と気持ちの裏付けを行動で示すこと……。

野元先生の周囲には志を同じくする先生が何人もいて、私は彼らと力を合わせて少しでも学校がよくなるよう努力した。それはいま思い返しても充実した日々だった。

野元先生が〝教師としての父親〟ならば、私には兄と慕う2人の先生がいた。野元先生を総師とすると、兄弟子の彼らがプロの教師としての細かなノウハウを私に叩き込んでくれた。そして野元先生が住之江高校を出られてからは、このお2人が野元イズムの継承者として、私に住之江の魂を注ぎ込んでくださった。

柴本良太先生には徹底した実技指導の大切さと統計資料から検証する姿勢を、湯浅剛先生には自然体で醸し出す厳しさ、生徒や若手教師への情、想いの深さを教わった。

そんな素晴らしい先輩教師たちに恵まれ、住之江高校は学力は低いながらも、入学時はやんちゃだった生徒が卒業時には素直で立派な社会人として巣立っていく学校に変わっていった。

住之江高校時代、忘れられない思い出が2つある。

ひとつは学校に赴任して2年目のこと。私が初めて担任を持ったクラスは、根はいいやつらだが手のかかる生徒もたくさんいるクラスだった。その中のひとりが終礼のときにいいかげんな態度をとっていた。私は「怒ろうかな……」と思ったがタイミングがつかめず、「明日ゆっくり話をしよう」と思いそのまま帰した。

翌日、彼は学校に来なかった。「またさぼっているのか……」と思っていたら警察から電話が入った。「警察に捕まってるのか?」――しかし警官が口にしたのは思いがけない言葉だった。

「昨晩、おたくの生徒さんがバイクで事故を起こして死亡しました。親御さんに連絡がつかなかったので先生に連絡しました──」

警察署に向かう私に野元先生が同行してくれた。先生はショックで打ちひしがれている私をずっと支えてくれた。そしてポツリと「これも勉強やで」と言った。

「生徒を叱るバッティングチャンスを逃したらあかん。あいつがおまえを育ててくれたと思って、このことを一生忘れたらあかんぞ……」

きっと野元先生なら、あの終礼のときに彼の言動が示す危険信号に気付いたのではないか？　そして無理やりにでも彼を引き留め、叱ってやったことだろう。たとえ嫌がられても強制力を用いて目を覚まさせ、気持ちを引き締めてやったことだろう。もし私にそれができていれば、彼の事故を止められたかもしれない。あのとき私に、もう一歩だけ踏み込む勇気があれば……。

そのとき私は「どんな手を使ってでも生徒を止めなければいけないときがある。その一瞬を逃したらもう次はないというときがある」ということを教えられた。

当時私は24歳。あれから30年たっても、あの時の彼の顔も、彼が座っていた席もはっきりと思い出せる。

他校の生徒30人に囲まれたときに起こった奇跡

もうひとつの思い出は赴任5年目のこと。

住之江高校はいわゆる荒れた学校だったと書いたが、特にひどいのが文化祭のときだった。文化祭になると他校の生徒が押し寄せ、いつも問題が起こる。当時大阪の中学や高校ではケンカの格付けが歴然と存在し、「あいつはあの地域のナンバー1」「あいつはナンバー2」といった会話が日常的に行われていた。

その文化祭の最中、私が仕事をしていると、ある生徒が「先生、えらいことだ。A

が他校の生徒にからまれている！」と飛び込んできた。Aは住之江高校に通う西成地区の番長である。ケンカで1年間棒に振ったが、留年後に私のクラスに入り、高校卒業を目指してやっとの思いで2年生に進級していた。

私が急いで現場に駆けつけると、グラウンドでAが他校の生徒30人くらいに囲まれていた。いまにもケンカが起こりそうな殺気立った雰囲気だ。私は「ちょっと待て！」と言ってその輪に入っていった。そのとき私はもうAと一緒にボコボコにされることを覚悟していた。しかし――

「あ、近田先生！」

Aににらみをきかせていた生野地区の番長Bが驚いたような声を上げた。私も彼の顔を見て驚いた。Bは私が住之江高校に来てすぐの頃に面倒を見ていた女生徒Kの弟だったのだ。その女生徒は非常に乱れた生活をしており、私は家庭訪問やそれ以外でも何度も彼女の家を訪れ、それゆえBも私の顔を憶えていた。

「おまえ、Kの弟じゃないか……」

「おい、みんな。この先生はおれの姉ちゃんの面倒をずっと見てくれてた先生や。やめて帰るぞ！」――Bはその場を収めて去っていった。

私はその後、若い教師が「家庭訪問なんてやってもしょうがない。こんなやつらの面倒を見てもしょうがない」とこぼすたびに、このときのことを話している。そして彼らに進言する。「ちゃうねん、足を運んだら絶対そのぶん自分のプラスになるから」と。

実際Bは私が姉のために何度も足を運ぶ姿を見て、学校や地域を超えた〝人としての恩義〟を私に感じ取ってくれていたに違いない。何の役に立つかわからないような家庭訪問が、私の盾であり鎧になってくれたのだ。

何が自分の武器になるかわからないのだから、何かあったら家庭訪問に行きなさい。誠意をもってやっていることは必ず誰か見ているもの。きっとどこかで実を結ぶはず――それもまた私が住之江高校で学んだことである。

荒れた学校から一転、今度は進学校の高津高校へ

住之江高校の次に私が赴任したのは天王寺区にある高津高校だった。

高津高校は住之江高校とは対照的な学校だった。校内暴力も多々あった住之江高校と違い、高津高校は地域のトップ校。制服もなく「自由と創造」を校是とする、他の進学校とも一線を引く学校だったのだ。

最初はあまりの環境の違いに戸惑ったが、生徒に対する熱い気持ちは変えないでおこうと思った。ただ、やはり環境が違うぶん、住之江高校のときと同じようにやるわけにはいかない。住之江高校では「黙って俺についてこい！」と全力でぶつかっていけば生徒はスポンジのようにすべてを吸収してくれたが、高津高校には自立している生徒が多い。私は気持ちはそのままで、新たなやり方を探ることにした。

成績もよく、家庭環境にも恵まれた生徒に対する指導は、ある意味、不良に対する指導よりも難しい。彼らはどんなことでもある程度はできる。勉強も、学校のルールもそれなりに守る。しかしそれはあくまでも〝それなり〟なのだ。

たとえば掃除の時間、私は生徒がいいかげんに掃除している場面にちょくちょく出くわした。生徒たちはサボってはいないが、積極的にキレイにしようという気持ちがない。とりあえず義務として掃除をしているだけ。私はそれを許さなかった。注意ではなく「もっとできるだろう！」と厳しく叱った。

生徒にとってみれば、うっとおしかったことだろう。彼らは「私たちちゃんとやってるでしょ」と思っている。でも私は「おまえらその程度でええんか？　もうちょっとがんばったらここまでできるやん！」と熱く迫る。それは掃除だけではなく、勉強に関しても同じだった。生徒は体裁を整えようとするが、私は常に全力で取り組むことを求めた。伸びる子をもっと伸ばしてやることがこの学校での私の使命だと思った。

言い方を換えると、高津高校での私の仕事は、生徒の足りない部分を見つけ、そこにピンポイントで気持ちをぶつけていくことだった。生徒たちは基本的に教師と気持ちのつながりなど求めていない素振りを見せる。ただ受験のテクニックだけ教えてほしいと思っている面もある。そこに無理やり割り込んでいくことはないが、足りない部分に関しては容赦なく「それは絶対あかんからな」と指導する。私は合格点で満足せず、満点を求める姿勢を崩さなかった。するとその熱さに呼応する生徒も増えてきた。特にラグビー部においては徹底した指導に終始し、部員たちは見事にそれに応えてくれた。ラグビー部の空気が学校全体に伝わるのが感じられた。

この場合、ピンポイントできっちり生徒を諭すことが要求されるため、叱り方や言葉の選び方にも正確さが求められた。おおざっぱだったり、熱さや勢いだけでは生徒は聞いてくれない。それは私に新しい生徒指導のテクニックを身に付けさせてくれた。熱さだけではなく冷静さも必要ということを学んだのだ。

高津高校には全部で11年いた。住之江高校が私の20代をほぼ網羅するとしたら、高津高校は30代をまるまるすごしたことになる。私はやがて校風の違いにも慣れ、新しい環境を楽しんでいたが、高津高校時代の最後の4年間には予想外の嵐が待ちうけていた。
民間校長という黒船が学校にやって来たのである。

自称・ブルドーザーの民間校長が混乱を呼び込んだ

私が高津高校の環境に馴染んでいく間に、学校教育をとりまく状況は大きく変化していた。

その発端は言うまでもなく2002年からはじまった民間人校長の登用である。民間人校長は当時東京では採用されていたが、大阪ではまだだった。これまで現場の教師が上り詰めるポジションだった校長という役職に民間の人間を置くことで、外部の風を入れ、柔軟なアイデアを取り込み、よりダイナミックな改革を行おうというのが行政側の狙いだった。

その大阪府初の民間校長である木村智彦校長が、よりにもよって高津高校に赴任することになったのだ。彼は経済界からの推薦を受け大阪府に迎え入れられたという経緯がある。

この木村校長がとにかく強烈な人だった。彼は赴任するやいなや「自分はブルドーザーの男である」と宣言した。「東大・京大・阪大に生徒を入れるんだ。実績を作るんだ。そのためにはまず既存のものを壊さなきゃダメだ。徹底的に変えていくぞ!」とブチ上げた。

「現役で国公立大学合格100人」「現役進学決定率60%」……次々と数値目標が立てられていく。現場は結果と数字に徹底的にこだわる方針に変わったが、そのあまりに急激な方向転換はあちこちで歪みを引き起こした。

そのひとつが制服の問題である。高津高校は自由な気風で、私服が採用されていたが、木村校長は3年目に入りいきなり制服を導入すると言い出したのだ。その理由は

「成績を上げるためにはだらしない格好をしていたらダメだ。見た目から改めるぞ」

ということらしい。

しかしそれに対して当然生徒側は反発した。どうしてこれまでは私服でよかったのに、突然制服を着ないといけないのか。生徒の怒りは次第に高まり、やがて当時の自治会が校長との意見交換会を求めるなど、まかり間違えば昔の学生運動のような事態になりかねない危険をはらんでいた。

個人的には〝対・生徒〟から〝対・行政〟への転換点

木村校長の専制に対して大半の教師は無抵抗だった。いや、無抵抗にならざるを得なかった。

私は生徒指導部長という自治会の責任者として、校長と生徒、そして大半の沈黙を守る教師との間で板挟みになっていた。私としてもせっかくいい雰囲気で学校が回っていたのに、どうしてそれを変えないといけないのかわからない。しかし校長は断固として自分の意見を押し付けようとする。反対する者は許さないという空気でこちらに接してくる。

実際そのときの職員室の空気はひどかった。今こそパワハラという言葉は周知されているが、当時の木村校長の物言いは完全にそれだった。「おまえは力がないから転勤だ！」などと一般企業でも通用しないような高圧的なことを平気で言う。職員の中にはそれで心を病んでしまう者が続出した。

あまりのひどさに私たちが「あれはひどい！」と訴えの声を挙げても、教育委員会はそれを無視した。委員会は無理を言って校長に来てもらった経緯があるので強く言えない。校長自身も自分が三顧の礼で迎えられたと思っているから教育委員会の言うことに聞く耳を持たない。

校長は暴言暴走を続け、校内には軋轢が広がり、高いレベルが維持されていたエリート校はみるみるうちに乱気流の中を飛んでいるような状態に陥った。私は無言が支配する職員会議で、生徒のため、職員のため木村校長と衝突を繰り返した。教育委員会からも見放された我々は、猛獣の住む無人島に置き去りにされたようなものだった。

この民間校長の件で私は教育委員会から怖ろしい言葉を聞くこともあった。教育委員会ですらコントロールできなくなった木村校長に対し、委員会の職員のひとりは「先生たちの方でマスコミを使って訴えてください。先生たちの方でやってもらうぶんには僕らは構いませんよ」と言ったのだ。別にそうしろと言ったわけではないが、「そうしたら僕らも校長の肩を叩きやすいんで」というニュアンスだった。

もちろん私はそれに反対したが、その後一部の教職員は大阪弁護士会に人権救済を申し立て、マスコミに情報をリークした。学校は大混乱に陥り、それを受けて木村校長は辞任するに至った。

この木村校長との一件は私の教師人生の中でターニングポイントとなった。それまですべての物事は〝対・生徒〟ということで考えてきたが、これを機に〝対・生徒〟をうまくやるためには〝対・行政〟ということも考えていかなければいけないという想いが頭の中を占めるようになった。

それは時代的にも転換点であったのだろう。日本の教育にとっての転換点。この頃から文部科学省や教育委員会といった行政府が権力を増し、教育現場に圧力を加えてくる時代がひたひたと迫っていた。

２００８年以降、大阪の政治は橋下徹氏を中心に、大阪維新の会、日本維新の会といった、いわゆる維新の一派が引っ張っていくことになるが、橋下氏はその政策の中に教育改革も盛り込んでいた。

それは全国的に点数が低い大阪府の学力向上を念頭に置いたもので、具体的には学区制を廃止し、私学を無償化することで各学校間の競争をあおり、授業や教師のクオリティを上げるというものだった。わかりやすく言えば、それまで公務員という立場に守られていたなまぬるい公立校の体質に競争原理を持ち込み、個々の学校のレベルアップを目指すというものである。

その流れの上で民間人校長の採用も、高津高校の事件の検証など何もないまま引き継がれた。そして2015年、木村校長と同じく民間から登用された中原徹教育長が、またしても同じパワハラ問題を引き起こして辞任に至ったことは記憶に新しいところである。

野元先生の教えをもっともっと広げていきたいという夢

11年間の長きに渡って勤めた高津高校の後、私が赴任したのは阿倍野区にある住吉高校だった。ここには1年間しか勤務しなかったが、それには理由がある。

高津高校にいるときから私の中ではひとつの夢があった。それは野元先生の教えをもっともっと広げていきたいということだった。

私が先生から教わったことを今後は私が若い先生に伝えていきたい。「親方日の丸」の公務員体質の教師が増えている中、いま変わらなければいけないのは先生の方である。学校を変えるには生徒を変えることも大事だが、まずは教師を変えなければならない。行政の圧力ではなく教師自らが変革しなければ生徒に日を当てた改革にはなりはしない——高津高校での生活が落ち着いてくるに従って、私の中でそんな想いはますます膨らんでいった。

そのためには私自身がもう一度住之江高校のような、手はかかるがやりがいのある学校で頑張りたい。そこで若い先生たちと一緒にイチから学校を立て直していきたい——そう思った私は俗に言う荒れた学校、困難校への異動希望を出した。具体的には頑張っている若い先生たちがたくさんいる柏原東高校を希望した。しかし実際行くことになったのは住吉高校。ここも高津高校と同じく自由な気風のエリート校だった。

私はすでに木村校長から、とある対立の際に転勤を言い渡されていた（これも異常なことだが）。転勤は2006年4月に予定されていたが、その3月に一部職員のマスコミへのリークによって木村校長は辞任。それゆえ人事は混乱の中で行われることになった。府教委は私の人事調書には目を通さず、しかも「リークした職員のひとりを介せば高津高校に残ることもできる」という取り引きまで持ち込まれ、最終的には極めて不当かつ不透明な人事が行われることになってしまった。

それに対して、おかしな噂がささやかれるようになった。

「結局、近田も木村の犬だったのか」「あいつは教育委員会と結託したから、今度もいい学校に行けたんだ」……。

それは私にとっては我慢できない陰口だった。本来、私は生活習慣も含め、手間はかかるが生徒たちと一緒に学んでいけるような学校に希望を出していたのだ。それなのに勝手に進学校に回され、さらに不名誉な噂まで立てられている。

住吉高校の先生や生徒たちには悪いが、私は教育委員会に正当な人事調書と人事面談による人事を行うよう強く要望した。「もう一度、住之江高校のようなしんどい学校に行かせてほしい」と改めて訴えた。

その結果2008年、私は柏原市にある柏原東高校に転勤となった。そこは世間では落ちこぼれと呼ばれるが、私にとってみれば本気の愛情さえ注げば力を発揮してくれる、かわいい生徒たちがたくさんいる望んだとおりの学校だった。そして若い先生がたくさんいる学校だった。

私は腰を据えて学校改革に乗り出した。

「とにかく生徒を辞めさせたらあかん」と力説した

住之江高校時代に私は教師としてのなんたるかを学んだが、それは教師のトップに野元先生がいて、その横に湯浅先生、柴本先生という中堅の先生がいるというピラミッドがあったからこそやりやすいところはあった。教師としての理念や在り様は野元先生が教えてくれ、具体的なやり方などは湯浅先生、柴本先生が教えてくれるという役割分担ができていたのだ。

ところが柏原東高校ではトップもいなければ中堅の先生もいない。私は若い先生に対して野元先生の役割も果たしながら、先輩教師としてモデルにならなければならなかった。若手の実践者の役割も自分自身が率先して引き受けなければならなかった。

それでも私は恐れることなく突き進んでいった。若い先生に対し「君たちのエネルギーには負けないよ。住之江高校や高津高校で得た方法論もノウハウも全部君たちに見せてあげるよ」という調子で飛び込んでいった。当時私はちょうど40歳すぎ。教師として一番脂の乗っているときでもあった。

そしてその成果は数字という形でも着実に表れていった。

私が赴任したとき学校はなかなか大変な状態だった。どれほど大変かというと、柏原東高校は1学年40人のクラスが6クラス、つまり入学時は生徒240人がいるにもかかわらず、それが卒業時には150~160人にまで減ってしまうのだ。つまり1年生のときは6クラスあったのに、単位の不足や出席日数の問題や非行や登校拒否などでどんどん生徒が辞めていき、卒業時には2クラスがなくなり4クラスになっているような状態だったのだ。

私は若い先生に「とにかく生徒を辞めさせたらあかん」と力説した。子どもたちを見捨てたらあかん、と。ただ辞めさせなければいいのなら簡単なことだ。それは進級の基準を緩和すればいいだけのこと。しかし私は生徒たちを成長させ、やることをやらせた上で、なおかつ辞めさせないようにしなければならないと思っていた。柏原東高校をそういう学校にしなければならないと思っていた。

このとき私が若い先生に話したのは、厳しく叱らなければならない根拠についてである。

高校は義務教育の場ではない。一定の評価を受け、単位取得の末、進級・卒業を勝ち取らなければならない場所である。また、喫煙や暴力、窃盗などの非行行為を犯せば高校生活を継続することは難しくなる。つまり生徒には将来社会で生きていく上で最低限度の学力や、よりよい社会人として生きていくための力と自信を付けさせてやるのが高校教師の役割なのだ。

だからハードルを下げて進級・卒業させても意味はない。叱ってでも勉強させ、怒鳴ってでも素行を改めさせることが、未熟な生徒たちを社会に貢献できる社会人として自立させていくことになる。それこそが教師の、生徒自身と社会に対する責任なのだ――。

そのような想いを持って、私は若い先生たちに懇切丁寧に教えていった。すると退学する生徒はみるみるうちに減っていき、私が着任して3年目以降は毎年必ず200人以上が卒業するようになった。2クラスが消えてなくなっていたのを、なんとか1クラスぶんに留めることができるようになったのである。

教師としての集大成だった柏原東高校での6年間

私にとって柏原東高校の6年間は教師としての集大成だった。大変ではあったが本当に充実していた。2年目からは首席と担任を兼務して、32期生をモデル学年とすべく全力で生徒たちと向き合った。4年目からは生徒指導部長と首席、担任の3役を兼務。職務に心血を注ぎ、柏原東高校がどんな生徒も安心して通える学校になるよう、後輩教師たちと共にさまざまな変革を進めていった。

32期生以降は学校を辞める生徒が減るのと同時に、遅刻の数も大幅に減っていった。基本的な生活習慣が確立されてきたのである。それまで遅刻は毎年2240件もあったが、それが822件に減った。さらに6862件あった欠席は3669件に減った。以前はちらほら見られた校内の喫煙もまったく見られなくなった。

私が赴任して徹底したことは、もうひとつある。それは生徒をただ卒業させればいいのではなく、「ちゃんと進路を決めた上で卒業させる」ということだった。学力や生活だけではなく、生徒の将来まで含めて面倒を見ること。卒業後はちゃんと食べられる状態にして世の中に送り出すこと――。

若い教師には「生徒とは高校時代の3年間だけでなく、一生付き合っていくつもりで接しろ」と口が酸っぱくなるほど言ってきたが、それは確実に浸透していき、モデル学年の32期生の進路未定者はわずか3人、それもいずれは家業を継ぐ予定の子のみという状況まで好転していた。

私の集大成としての実践は教師の役割にも及んだ。私は校長に「若い先生には1年生から3年間は持ち上がりで担任を持たせてやってほしい」と進言した。ここまではどの学校でもやっていることだが、そこに私の持論――「それもできれば2ローテーション連続で」ということも付け加えてお願いした。教師は担任を持つことで初めて〝自分の生徒〟という自覚を持ち、責任感を感じられる。そして同じ生徒と3年間付き合うことで、生徒指導の面白い部分も難しい部分も濃密に感じられる。

2ローテ連続とお願いしたのは、1回目で経験した成功体験や失敗を2回目に活かしてほしいという想いからだった。通常学校は1ローテ担任を務めたら1年間休憩（担任を持たない）という暗黙のルールがある。しかし私は若手にかぎっては「鉄は熱いうちに打て」方式で間髪入れずに次の担任を持ってもらうことにした。実際、先生たちは2ローテ目でさらに力を発揮し、授業の内容も生活指導もみるみる向上していった。それは住之江高校時代、私が3ローテ連続で担任を経験することで力をつけることができた経験に基づいている。

柏原東高校では困難や課題も多かったが、むしろそれをやりがいと感じながら素晴らしい日々を送ることができた。学校の経営改革をしたとまでは言わないが、それでも数字を残し、若手教師を育て、地域での評判を上げたという自負はある。

そうできたのはなにより当時の校長が私のことを信頼してくれたからであった。校長は私に対して「この学校に骨をうずめる気でやってくれ」とまで言ってくれた。私もその言葉を信じ、教頭の試験に合格して校長と一緒に柏原東高校の学校改革をさらに推し進めていくつもりだった。

誰かが立ち上がらないと大阪の教育はひどくなるばかりだ

しかしそんな私の夢を潰したのは、またもや大阪府の教育行政だった。柏原東高校在籍時の後期に、大阪教育委員会からは中高連携という新しい施策をやるよう学校に通達が届いた。それに対して校長も私も反発した。

「せっかく今、学校はいいベクトルに乗っているのに、どうしてそんな余計な施策をやらないといけないのか？」

そう言った校長はすぐに別の学校へと異動させられてしまった。そして中高連携を推進する新しい校長がやって来た。もちろんそんな校長が私のことを快く思うはずがない。

高津高校での民間人校長登用に続き、この柏原東高校でも教育委員会の横暴によってせっかくうまく回っていた教育現場が壊されようとしている……維新が行政の実権を握って以来、ずっとくすぶり続けていた私の不満がいよいよ沸騰しようとしていた。

これではいくら現場で立派な先生を育成しても、日本の教育は悪くなるばかりじゃないか。いや、このままではどんどん現場はイエスマンばかりになり、愛情も節度もない指導が横行してしまう。これを防ぐためには、教育行政を変えるしかない。川の上流にある行政自体が変わらないと、下流にある教育現場にはずっと汚水が流れ込んでくる……。

教育行政に対する不信感と「自分が立ち上がらなければ誰がやる?」という使命感は日増しに大きくなるばかりだった。

そして新しく来た校長は、当然のように私を柏原東高校から転出させた。新たな勤務地は平野区にある平野高校。そこには教頭という待遇で迎えられたが、教頭となっても教育委員会と現場の軋轢はひどく、私は絶望を感じるばかりだった。

1年で平野高校を離れ、天王寺区にある清水谷高校に赴任――だが、このときもう私の心は決まっていた。

「教育行政を叩かない限り、本当の意味で学校を立て直すことはできない。ちゃんとした評価制度を導入しないと、現場の先生たちがまともに頑張れるはずがない」「これはもう大阪府の大ピンチだ。管理職の人事制度から評価制度まで誰かが訴えを起こさないと、大阪の教育がムチャクチャになってしまう」――

清水谷高校に来た翌年の2月20日、私は学校を退職した。

「政治家になりたいわけではないけど……行政と政治を変えたいんです」

退職理由は「4月に行われる大阪府議会議員選挙に立候補するため」であった。

数カ月前まで教師だったからこそ訴えられることがある

　柏原東高校の最後の頃、すでに私は教師を辞める覚悟を固めていた。そこから平野高校、清水谷高校……と渡っていく間に、心の中では「自分が政治に打って出るしかない。我慢の限界だ！」という想いが次第に力を増していった。

　だがそのことを誰かに相談することはなかった。さらに公職選挙法に抵触するのを防ぐため、学校に勤めている間は自分が選挙に出るつもりだということは周囲の誰にも言えなかった（注・立候補者が〝選挙運動〟できるのは立候補の届け出を提出して以降のみ。それまでは「自分が選挙に出る」という意思表示もしてはいけない）。

　だから私が学校を辞めると知ったとき、生徒たちはみんな「なんで辞めるの？」と不思議がったし、元教え子たちも「なんで？」と首をひねった。どうやら彼らにとって私は〝永遠の教師〟だったらしい。納得いかないまま私を見送った彼らは、私が府議会議員選挙に立候補すると知って度肝を抜かれ、そして必死で止めようとした。

なんといっても私が学校を辞めたのは2月20日で、選挙の告示日が4月3日、投票日が4月12日――つまり教師を辞めてから投票まで2カ月を切った状態だったのだ。もちろん選挙の準備などそれ以前に何ひとつやっていない。

周囲の仲間たちは全員口をそろえて「無謀だ」と言ってきた。「府議会なんて無理だ。もし政治をやりたいんだったらまずは八尾市の市議会議員選挙に出たらどうだ？」とアドバイスをくれる人が大半だった。「たった2カ月で選挙なんて戦えるはずがない。しばらくは力を貯めることに費やして、次の選挙まで待ってみてはどうだ？」と言葉をかけてくれる人もいた。

彼らが私のことを心配して言ってくれていることは重々承知していたが、私は自分の意志を曲げなかった。

大阪府の教育行政に不満があるのだから、負けてもいいから府議会議員選挙に出たい。たとえ今回は市議会議員に立候補して4年後に府に移ったとしても、4年あれば教育現場は変わってしまう。私はほんの数カ月前まで現場で教師をやっていたからこそ訴えられることがあるのだ。たとえ無謀だとしても、いま私が言いたいことを、いま言わせてほしい。いまでなければダメなのだ――。

熱心な私の訴えに、ついに支援者たちも「おまえらしいわ」と納得してくれた。生徒や元教え子たちも「先生らしいわ」と言ってくれた。私のワガママに一番理解を示してくれたのは、私が真剣に向き合ってきた生徒たちだった。

そこから2カ月足らずの選挙戦がスタートした。

私たちの陣営は金もなければコネもない、もちろんノウハウも持たない完全な素人集団だった。そんな私を助けてくれたのは、地元の人々とかつての教え子だった。生まれ故郷である高安地区、服部川の人々、高安中学の同級生はもちろん、八尾高校ラグビー部のOBや住之江、高津、柏原東の卒業生たちが噂を聞きつけてやってきて、手弁当で手伝ってくれた。

「先生の行動を見て、自分も会社の中で戦わないといけないと思った」

選挙運動に関しては、何をやっていいのかわからなかったので私はとにかく演説に回った。

毎朝駅に立ち、公民館にも足を運んだ。私が選挙に立候補したのは自分が行政に入って教育に関する施策を変えることの他に、今の大阪の教育を巡る状況をとにかく多くの人に知ってもらいたいという願いがあった。だから呼ばれればどこにでも駆けつけた。そして声を枯らして私が体験した現状を訴えた。

そしてわかったのは「世の中の多くの人は教育現場が今どうなっているか何も知らないんだな」ということだった。同時に、子どものことで困っている人はたくさんいるんだなということも実感した。

懸命に演説して回る中で嬉しいこともたくさんあった。足を止めて私の話を聞いてくれる人が「そういうことか、よくわかった」と言ってくれるのはひときわ嬉しい瞬間だった。教育というのは子どもを持っている人しか興味を持ちにくいテーマだが、それでも私が演説をしていると周囲に人だかりができて、伝わっているという感触があった。知らない人からも「絶対入れたるわ」という声が数多く寄せられ、それが私の励みになった。

そしていざ、開票――。

私が獲得したのは４９６０票。得票率５．０％。八尾市は立候補者７人で上位３名が当選だったが、私は６位で落選した。

やはり選挙では勝てなかった。無所属で２カ月ほどの選挙活動では当然かもしれないが、私は悔しくて仕方なかった。

本当はもっと健闘すると思っていた。演説での人の集まり方を見ても私のところが一番だと思ったし、他陣営が心配してこちらの様子を見に来るほど私の周囲は盛り上がっていた。しかしそれが投票には結びつかなかった。

選挙が終わった後、プロの選挙屋と話す機会があった。彼は面白いことを言っていた。

「近田さんは準備期間2カ月だから2000票程度だと読んでいた。でも5000票近くまでいった。ようあそこまでいけたな」

それは「落ちるとは思っていたけど上出来」というニュアンスだったが、それでも私の悔しさは消えなかった。手弁当で手伝ってくれた支援者たちに申し訳ないという気持ちでいっぱいだった。

ただ、そんな悔しい選挙戦の中でも誇りに思えることがいくつかあった。

たとえば府全体の投票率は45〜46%といった程度なのに、私の住む八尾市高安地区だけは60%を記録。おそらく多くの人たちが私のために動いてくれたのだ。それは我々の陣営の自慢として、今も心に残っている。

そしてもうひとつの誇りは、元教え子たちから届いたメールだった。選挙が終わって落ち込んでいる私の元に、元教え子からたくさんのメールが届いた。それは「先生が頑張っている姿を見て、自分ももう一度昔の純粋な気持ちを取り戻して頑張らなければと思った」とか「先生の行動を見て、自分も会社の中で戦わないといけないと思った」といった内容だった。

生徒たちもみんな社会に出たり、家庭を持つなど、世の中の荒波に揉まれている。そんな中、私のチャレンジや最後まであきらめない姿勢が彼らに対するメッセージになったのならそれでいいじゃないか——そう思うと少しだけ気持ちが楽になった。

彼らにとって私はやはり〝生涯先生〟であったのだ。選挙のおかげで彼らとの絆がまた一歩深まったのなら、それはそれで素晴らしい経験だったと言えるのかもしれない。

“教師としての意識”だった

ドン底の自分を支えてくれたのは“教師としての意識”だった

選挙が終わってしばらくは放心したように生きていた。

そこには選挙で負けたショックもあったが、しばらくすると何もやることのない恐怖に押し潰されるようになった。

よくよく考えて見れば、選挙に敗れた今、私は何者でもないただの無職のオッサンなのだ。小中高大を学生としてすごし、大学卒業後は30年以上ずっと“教師”という肩書があったのだ。

それが突然何もなくなった。私には行かなければならない職場などないし、やらなければならない仕事もなかった。私のことを待っている人もいなければ、私のことを必要としてくれる生徒もいない……そんな経験は人生で初めてで、私にとって想像以上につらいことだった。

自分が社会の中で何の役にも立っていない。今日やることが何もない。収入もない。これからどうしていいか自分の行く先もわからない。家族からも腫物に触るように扱われている。世間の目も「あの人、何やってるの?」と非難しているように感じられる……。

正直、去年の夏は「ここから飛び降りたらラクになるのかも……」というところまで追いつめられていた。

教師をやっている頃、リストラで会社をクビになった人が自殺したという話を聞いて、「なにしてんねん」と怒っていたはずなのに、自分自身がそういう状況になるとひどくリアルに感じられた。「ああ、テレビで言っていたのはこういう心境か……これまでおれは高みの見物でモノを言ってたんだな……」。ドン底に落ちたことで、これまで見えなかった風景が見えるようになっていた。

そんな状況から私を救ってくれたのは、やはり教師としての意識だった。ドン底にいる自分を〝教師としての自分〟が客観的に見て囁くのだ。

「おい、これでおまえはつらいときの気持ちというのを若い先生や生徒に教えられるじゃないか。いま感じている無職の境地というのは新たな経験値となって、おまえの教師としての器を大きくしてくれたんじゃないのか？」……。

私はもう教師じゃないはずなのに、考え方は徹頭徹尾教師だった。教師という肩書はなくなったが、それでもまだ誰かに何かを教えることはできる――そう考えることによって、私はやっと前を向けるようになった。選挙に出たことも、選挙に負けたことも、その後に無職を経験して苦しんだことも、みんな私の財産となって子どもたちに伝えていける。もっとリアルに、もっと深く人生というものを話してやれる――その想いが私の未来を照らし出してくれたのだ。

そして今、私は自分に与えられたこの自由をめいっぱい楽しんでやろうと思っている。熊本にボランティアに行ったり、こうした本の執筆を行ったり、会えなかった卒業生たちに会いに行ったり……こうなったら開き直って、今しかできないことをとことんやってやろうという気持ちでいる。

将来に関しては不安がないと言えば嘘になる。

実のところいろんな誘いもなくはない。だが、私は選挙に出るときに思った「今の教育界を変えなければいけない」という志を貫きたいと思うのだ。教師を辞めた理由に決着をつけることなく、安易に他の道に逃げてはいけないと思うのだ。

それが講演活動になるのか教育評論家的な活動になるのか、もしくはプロの教育相談家ということになるのか……実際どんな形態として表現されていくかは、まだわからない。

それでも可能な限り、私はこれからも教育に関わり続けていきたいと思う。

53歳からの再出発——。

私はもっともっといい教師になるために、今日もあえぐだけあえぎながら前へ前へと進んでいくつもりだ。

第2章

ここがヘンだよ日本の教育

1. 子ども、叱れますか？

最近〝叱ること〟の分が悪い。

昔はカミナリオヤジや怖い先生が普通にいたが、最近はあまり見なくなった。いても世間の風潮に押され、かなり肩身が狭そうだ。

叱ることに代わって昨今もてはやされているのは〝褒めること〟である。「子どもは褒めて育てましょう」「褒めることで自尊感情が育ちます」……世の中にはそういう内容の本もたくさん出ている。

そういう本を読むと大抵は「普段叱ってしまう場面でも我慢して褒めてみましょう」と書いてある。「欠点を直すことより長所を伸ばすことに力を注ぎましょう」という記述もよく見かける。たしかにそれは間違いではないが、しかしそれだけで本当にいいのだろうか。それは子どものための褒め方の本ではなく、親や教師の気持ちを楽にするための本になっていないか？

別に私は褒めることを悪いと思っているわけではない。むしろこれまで生徒たちを褒めるときは徹底的に褒めてきた。私が気になるのは、最近の世の中が褒めることと叱ることを対立事項のように捉えていることである。みんな叱るのをやめて褒めましょう。叱るのは悪いことで、褒めることは素晴らしいですよ——この傾向に違和感を覚えるのだ。

私にとっては褒めることと叱ることは両方あって初めて成り立つものである。両方あって当たり前。それなのに今は褒めることばかりが持ち上げられ、叱ることがないがしろにされているように感じる。

その理由を考えたとき思い至るのは、叱ることはトラブルになりやすいという点である。当たり前だが、叱られることを面白く思う生徒はいない。叱られたことで「なんであかんねん！」「なんで俺やねん！」と感情的になることもあるだろう。生徒の親も「なんでウチの子だけ！」と腹を立てることもある。さらに教師自身も叱ることで大きなエネルギーを必要とする。

だったら叱るのをやめよう。そんなストレスになることをやっても仕方ない……もし、そういう〝事なかれ主義〟の結果として叱ることが避けられているのなら、私はそれは問題だと思うのだ。

確かに生徒を叱ることで教師と生徒の間では一時的にトラブルが生じる。感情を傷つけられた生徒は、本気になってこっちに向かってくる。または背を向ける。しかしそれはある意味、チャンスでもある。生徒の本気を引っ張り出し、真剣に向き合える時間。私はそんな本気のぶつかりあいがあってこそ、教師と生徒の間に信頼関係は築けるのではないかと思うのだ。

リスク回避のために生徒を叱らないという風潮は、生徒と深い関係を作るチャンスを失ってしまうことにつながる。それはその瞬間の小さなトラブルは避けられるかもしれないが、きちんとした関係性が築けていないがゆえに、逆にいつか大きなトラブルを引き起こしてしまうのではないかと危惧してしまう。

では子どもを叱るにはどうしたらいいのだろう？

人を叱るには絶対条件がある。メンタルな土台で言えば、愛情、正義、確信である。その生徒のことを真剣に想っているか。叱ることは世間や社会に寄与するものなのか。絶対いい方向に導いてやれるという確信があるのか――。

愛情と正義がない人は子どもを叱ってはいけないし、それがない教師はいくら生徒を叱ったところで彼らに真意を伝えることはできない。逆にそこに愛情があれば、その瞬間は多少険悪なムードになっても、いつか子どもはこちらの気持ちをわかってくれる。その確信が土台となり、愛情と共に生徒の心を打つのだ。

加えて言えば、叱ることにはメンタルな心掛けだけではなく技術がいる。いつ、どこで、どのような状況で、どんな言葉を使って叱るのか――教師は状況に応じて、さまざまな条件を考慮しなければならない。

たとえばふざけてからかわれている生徒を守るため、ある生徒を叱るとしよう。その場合、私は以下の条件を瞬時に判断している。

・事情の把握は完璧か？
・事件は目の前で起こったのか、過去のことか？

・守らねばならない生徒は主犯の生徒が叱られることを望んでいるのか、違うのか？
・日常の立場はどちらが上か？
・周囲の生徒はこのことを理解しているのか？
・単独犯なのか、複数がかかわっている事態なのか？
・指導対象の生徒と自分との間に信頼関係はできているか？
・初めてのことなのか、再犯なのか？
・緊急性があるのか、そうでもないのか？
・いま叱った方がいいのか、時間を置いた方がいいのか？
・彼個人を叱るだけでいいのか、クラス全体の問題として考えさせた方がいいのか？
・だとしたら個別で叱った方がいいのか、クラス全員の前で叱った方がいいのか？
・生徒の体調や顔色はいいか？
・生徒の行為は社会的に容認されるものか？　……

生徒の性格や状況によって正解は一様ではない。関係の深い子への叱り方、関係の薄い子への叱り方、いますぐ叱った方がいいのか、状況が落ち着いてからの方がいいのか、初めてだから軽めにしておいた方がいいのか、初めてだからこそ強く言った方がいいのか……教師はその都度その都度考えて、的確な判断を下さなければならない。

特にいじめなどの問題は、個人を叱って反省させればいいというものではない。首謀者を叱ることで、いじめられた生徒に「君は守られるんだよ」という安心感を与え、さらに他の生徒に対しても「これは許されることじゃないんだぞ」と道徳性を説いていく機会にすることを考慮しなければならない。きちんと叱れないと組織の秩序が乱れるどころか、いじめられている生徒を見殺しにすることにもなってしまう。

それ以外にも叱るためにはたくさんの技術がいる。「こういうことをやったから叱っているんだぞ」と理由を説明できる言葉を持たなければ、生徒は納得することはないだろう。また、叱ることが一時的な行為で終わってはダメだ。叱った後に褒めてやることも必要だし、叱った後のアフターケアは子どもの心に欠かせない。また、叱る前の日常生活の中での布石も大切だ。

トラブルを避けてばかりいると、生徒も教師も成長はありえない。安易に褒めてばかりいると「あの教師はただの機嫌とりだ」と生徒にすぐに見透かされてしまう。

そうならないためにも、叱っても簡単には壊れないような信頼関係を生徒との間で普段から作っておくことが大切になる。教師はまずは叱るためのメンタルな土台と技術を身に付けること。安易なトラブル回避のため、褒めること一辺倒になっている間違った〝褒める理論〟に逃避してはならない。

2. いじめ件数ゼロなんてありえない

いじめ件数ゼロということはありえない。しかしなくせるいじめはある。なくさなければならないいじめもある——それが私のいじめに対する見解だ。

正直、私はいま世間や教育委員会が声を大にして訴えている「いじめをゼロに」というお題目に疑問を感じている。というのも社会の中で起こる人間関係のトラブル、いじめ、いやがらせ……そういうものは過去も現在も未来永劫、決してなくならないと思っているからだ。

私に言わせれば「いじめをゼロに」というスローガンは、子どもに「汗をかかず、服を汚さず遊びなさい」と言っているのに等しい。人は発汗により体温調整を行い、健康な身体を保つもの。それが自然な状態なのに、汗をかかないよう、服を汚さないよう遊ぶとなると子どもの行動はいびつに制限されてしまう。そして身体が本来持っている正常な機能まで衰えさせてしまう。

おかしなことだと思う。汗をかいて、服が汚れれば、服を着替えればいいだけの話なのだ。汗をかいて遊ぶ過程では擦り傷や切り傷も付くだろうが、子どもたちはその中で安全に遊ぶことを学んでいくものだ。

その中で学校がやるべきことは、汗をかいたら着替えること、服が汚れたらきちんと洗濯すること、傷ができたら消毒すること――そういったしつけの部分で十分ではないか？

今の「いじめ撲滅」の問題は、そういった非常に不自然な状況に子どもたちを追い込んでいるような気がしてならない。もちろんいじめはないにこしたことはないが、人間関係があるところに諍《いさか》いをなくすことは不可能だ。

むしろ焦点はいじめの発生をなくすよりも、いじめが起こった後にどのように対処するか考えることだろう。集団に対しては自分たちで問題を解決していける浄化能力を学習させ、個人にはたとえいじめられても立ち直っていける力強い反発力を植え付ける――そのことの方が私には大事に思える。

そもそも教育委員会が「いじめ撲滅」というスローガンを打ち出したことで、今は弊害の方が大きくなっているように思う。できもしない「いじめゼロ」という報告をするために校内で事実の隠蔽が起こり、生徒と教師、保護者と学校の間に不信感が広がっていく。

さらに近年はいじめ撲滅を目指すことが、いじめにおけるタブーを生み出し、逆に問題解決の糸口を見失うような事態も発生するようになった。どういうことかというと、マスコミや教育委員会が狂信的にいじめ撲滅を訴えるがゆえに、いじめに遭った被害者が絶対的に守られる存在になってしまった。つまり「いじめ＝悪」という見解が一般化し、常に「いじめ加害者＝悪者」「いじめ被害者＝かわいそうな人」という絶対的かつ一面的な等式が成り立つようになってしまったのだ。

一見これは何の問題もないように思うかもしれないが、思考停止の危険性を帯びている。このような対応の仕方は学校側のいじめ対策の定番マニュアルで、二次被害（学校の対応で被害者をさらに傷つけること。例えば「いじめに負けるな」と被害者を励ますことで「いじめに負けた僕が悪いのか？」と自尊感情を傷つける、など）を過剰に怖れるがあまり「とにかく被害者は守る」というやり方で体裁を整えているにすぎない。このマニュアルの浸透により、いじめにおいて被害者側にも教育指導の目を向け、必要とあれば指導を行うことは現在の教育現場でタブーになっている。

しかし私の経験上、いじめは加害者側だけが１００％悪いということは案外少ない。加害者側と同様に被害者側も問題を抱えていることがしばしばある。もちろん被害者をいじめから守ることは大前提だが、いくら加害者側を叱っても収まらなかったいじめが、被害者側が態度や意識を変えた途端すぐに解決に向かったという例を私はいくつも知っている。

これは私が経験したあるケースの話である。

いじめを受けたという被害者と加害者、その両方に事情を確認したところ、被害者は「一方的に嫌がらせを受けた」と言い、加害者は「被害者はいつもみんなに平気で嘘をつく」と言う。どちらが本当かわからなくなり、第三者の生徒何人かに話を訊くと、被害者はやはりちょっとした嘘をつくことが多いらしい。被害者にさらに詳しく事情を訊いていくと、つじつまが合わないことが増えてくる……。

もちろんその間、私は被害者の心情に立って状況確認を行った。いじめや嫌がらせに相当する行為が被害者に対して行われたことは事実である。

結論として加害者に対しては「いかなる理由があろうが他人が嫌がる行為はするな」と厳しく説諭し、被害者に対して謝罪させた。同時に被害者には日常の会話の中で嘘をつくことが多いことを認識させ、嘘をついた相手に謝罪をさせた。2人が共に謝罪したことでいじめはなくなり、嘘をつかなくなった被害者はクラスの中で受け入れられていった。

これがマニュアル通りの指導なら、被害者に対して教師は何も関与できないことになる。そうなると加害者側の〝いじめる動機〟は何も解決されないわけで、いずれいじめは再発する。まわりの生徒も被害者を遠ざけるしかなく、被害者は「みんなにシカトされている」と感じる——つまり被害者側の根本的な問題は放置されたままになる。

いじめの原因が被害者側の〝嘘つき〟以外にも、〝上から目線〟〝被害者からの嫌がらせ〟などが発端の場合もある、こうなるとマニュアル通りの一方的指導では加害者本人や保護者に納得のいく指導を行うことは至難の業である。

だからいじめに対しては、被害者は守られ、加害者を一方的に処罰するという硬直化したマニュアルだけで応対すべきではない。われわれ教育者は、いじめによる自殺という最悪の事態に陥らないよう最善を尽くさなければいけないが、同時にいじめの本質を見極め、それが子どもたちによるセルフコントロールで解決できるものか、大人が責任をもって介入しなければならないレベルなのか、状況に応じて正しく対応しなければいけない。

それと同時に忘れてはならないのは、被害者、加害者のどちらにも加わらなかった傍観者にも罪があるということを生徒に教えていく必要性だろう。傍観者は容認者でもあり、同調者でもある。彼らは直接手を下していないかもしれないが、いじめを見て見ぬふりをしたことにより結果的にいじめを増長させたのもまた事実なのだ。

そのあたりも教育者としては意識しておかなければいけないことである。

最後にもう一度、いじめに対する私の意見を言っておきたい。

いじめはどんな集団でも起こりえる。逆にいじめが起こることも、ある意味集団の成長段階だとも言える。

だからすべてに目くじらを立ててはいけない。「いじめ件数をゼロにする」なんてもってのほかだし、そもそもそんなことができるわけがない。子どもたちはその自然の環境の中でときに傷つき、ときに後悔しながら人間関係の本質を学んでいくものである。

ではそんな中で、大人がとるべき役割とは一体何だろう。

大人がやるべきは子どもたちに自由を与えつつ、同時に目の前のいかなるいじめも見過ごさないことだ。口に出さないながらも、起こっている事実をきちんと把握しておくことが大切だ。そしていつでも介入できる用意をしておくこと。

それは子どもたち自身の力で自浄させるものか、ちょっとしたアドバイスで解決可能なものか、徹底した強制力で排除しなければならないものか、集団としていじめを許さない空気があるのかどうか……その判断が的確にできる教師こそ、今の教育現場に求められている人たちである。

3. いじめは見ようとしなければ見えない

前項でいじめ全般に関する話をしたが、ここではいじめと教師の関係性についてもう少し突っ込んで書いていきたい。

「いじめは見ようとしなければ見えない」――これは教員の研修の中で教えられる言葉である。いまさら言うまでもないことだが、いじめというのは最初からはっきりした形で表れるものではない。その多くは教師の目の届かないところで発生し、静かに進行していく。被害者が声を上げてくれればいいが、そうでないことの方が多い。

だからまず、教師にはいじめの匂いを感知する感受性が必要だ。たとえば生徒たちの物言い、顔つき、そぶり、微妙なクラスの空気……そういったちょっとした変化から敏感に差別意識やいじめの存在を察知しなければならない。

これは感性の問題なので個人差はどうしても出てしまうが、私はこれに鈍感な人はプロの教師として失格だと思う（本来はこの感性の有無こそが教師採用において最優先に判断されなければならない事項だが、委員会にそのこだわりがないのか、教師の適正を見抜ける人材がいないのか、ないがしろにされているのが現状である)。

というのも、隠れているいじめに気付けない教師は、無害であるどころか子どもたちにとって有害であることの方が多いからだ。

いじめが行われていながら教師がそれに気付かないでいると、どうなるか。

それはいじめを行っている者に対して免罪符を与えるパワー原資になってしまう。彼らは自分たちの行為に気付かない教師を笑い、調子に乗り、いじめをさらに加速させていく。いじめ被害者にとって鈍感な担任に当たってしまうことは、不幸以外の何物でもない。

さらに不幸なのは、教師がいじめに気付く感性を持っていながら、何の行動にも出なかった場合である。「いじめは見ようとしなければ見えない」という言葉において、〝見える〟とは教師として正義の琴線に触れ、「これはいけない」と思う感性が正義の行動として具現化されて初めて〝見える〟と呼べるものになる。つまり「まずいと思ったけどどうしていいかわからなかった」などと悠長なことを言っている場合ではないのだ。

教師がいじめに対して見て見ぬふりをしたということは、つまるところ教師は暗にいじめを黙認したということになる。子どもは教師の見て見ぬふりには敏感だ。その行為は加害者や傍観者にとって格好の免罪符になる。教室中にいじめを容認する空気が生まれ、はては生徒の中から正義の仲裁者が出現する勇気さえ奪っていく。

こうなってしまったときの被害者の心情を想像してほしい。彼は学校や教師への信頼を失った末に、絶望感に包まれるだろう。誰も助けてくれない。教師は事態に気付いているのに、どう対応していいかわからない。見て見ぬふりを決め込んだ。それは被害者にとって地獄への片道切符を渡されたことと同じである。

いじめに気付いているのに教育的行動をとることができない教師たちは、自分ひとりで対応ができないなら、せめて同僚に報告して助けを求めなければいけない。クラスで起こっているいじめを白日の下にさらすことで、少なくとも事態をこれ以上悪化させず、解決の道へと導くことができる。マニュアルにはこのことがことさら強調されており、それが現実の教師の対応力の低さを物語っている。

だが、やはり本来は個々の教師自らが身を挺して目の前のいじめ問題を解決する能力が必要ではないだろうか。生徒の自浄作用に任せていい領域においては、直接注意や介入はしなくとも「先生には見えていますよ」「いい加減にしなさいよ」という信号は送らなければならない。まして大人が責任をもって解決しなければならない領域においては言うまでもない。

プロの教師であれば、子どもたち相手に〝正義の人〟を徹底的に演じきれる度量がなくてはダメだ。自らに備わった正義感をパフォーマンスを通じてアウトプットできないようでは、プロの教師とは呼べない。

昨今の教育現場はいじめに関してもさまざまなマニュアルやメソッドが作られているが、形ばかり整えても有効な抑止力にはなりはしない。

絶対的正義感をもって、全人教育（知識・技能教育に偏することなく、感性・徳性なども重視して、人間性を調和的・全面的に発達させることを目的とする教育）にあたることのできる教師がいかに少ないかということを、もっと問題にすべきだろう。

結局、最後は人なのだ。

4.「体罰」という言葉が存在する意味

今の教育現場にはタテマエが氾濫している。これをやったらダメ。子どもをそんなふうに扱うなんてとんでもないことである……等々。

しかしそういう言説のほとんどは現場のことを知らない、いわゆる教育評論家が話すものであり、日夜現場で生徒と格闘している私たちにとっては首をかしげざるを得ないものも多い。

その最たるものが「体罰」に対する考え方である。

最初に書いておくが、もちろん私は体罰を肯定する者ではない。現在法律上禁止されているということも含めて許されることではないと思っている。しかしそれと同時に、体罰というものがそこまで忌み嫌われるべきものなのかという疑問は正直ある。「体罰＝ただの暴力」と捉えられている風潮に違和感を覚えるのだ。

校内暴力はあってはならないが、実際のところ暴力が日常的に蔓延している学校というのは存在する。前章で住之江高校や柏原東高校のことを書いたが、そこでは私の着任当初、校内暴力は当たり前のように存在していた。強い生徒が弱い生徒に対し校内で暴力を振るうことが頻繁にあった。

教師である私はそれを制止しなければならない。それができなければいじめられている生徒を守ることができない。しかし荒れている生徒に対し、いくら口で「やめなさい」と言っても簡単にやめるものではない。だから首根っこをつかんで引きはがす。そうすると彼らは興奮してこっちに向かってくる。そうなると今度は彼のことを力でねじ伏せなければならない……彼を教師に暴力を振るった犯罪者にする前に、まず私が体罰教師となってでも力で制止してやらなければならないのだ。

このような過酷な状況下で「体罰はいけない」と言うのは私には悠長な物言いに聞こえる。口頭注意だけで彼らのいじめを止めることはできるのか？　いじめられている生徒を守ることができるのか？……私にはそれは現場を知らない者が言う綺麗ごとにしか聞こえない。

さらに現場感覚として、生徒のパーソナリティを見ていて「これは理屈で説明するより力で抑えなしゃーないな」という子どももいることもまた確かだ。気持ちが荒れていてこちらの言うことに聞く耳を持たない生徒がいる。このままだと何をしでかすかわからない。私はそういう生徒は、たとえ殴るという手段を使ったとしてもこっちを向かせ、行動を抑制しないといけないと思う。

今は体罰がいけないというが、特に矛盾を感じるのはこういう生徒に対する対応に関してだ。このままだと何をしでかすかわからない生徒に対して、体罰という強制力を持たない今の学校がどうするかというと、すぐ警察に突き出すのである。つまり今の学校はちょっと荒れた生徒でも即座に犯罪者にしてしまうのだ。生徒が犯罪者にならないことよりも、自分自身が体罰教師にならないことの方が優先されるのだ。

私はそれが教師のやることかと思う。教師というのは教え子が犯罪者にならないよう最善の努力をする存在ではなかったのか。それなのに今の学校は暴力に対してなす術を持たないがために、警察に頼らざるを得ない。

そんなに簡単に生徒を犯罪者にしてしまうのなら、どうして物理的な強制力を使ってでも校内の時点で踏みとどまらせることがいけないのか。強制的にやめさせて自分の非を認識させることがどうしてこれほど非難されるのか——そこが私にはわからない。

教師になって最初の頃、窃盗を働いた生徒がいた。その子はとぼけ続けていたが、私には彼がやったという確信があった。私はものを盗った行為より、自ら犯した犯罪を嘘でごまかすこと、素直に反省しない態度が許せなかった。ここが彼の人生の分岐点と思い、心を込めてほほを打ち言った。

「やってしまったことは仕方ない。反省すればいい。だがそれをごまかし、嘘を言うことは許さない」

彼は自分が盗んだことを正直に認め、嘘をつき通そうとしたことを反省した。その後、彼が他人のものに手を付けなかったことは言うまでもないし、卒業後、彼と会うと、彼は「あのとき先生に殴られなかったら、今頃僕は何をしてるかわかりませんよ」とポロリと漏らした。手段は確かに非難されることかもしれないが、私はそのとき自分がやったことを後悔していない。

読者の人たちにはもう一度「体罰」という言葉が存在する意味を考えてほしい。

「愛のムチ」という言葉を法律用語にすると「体罰」になるが、ただの暴力とは意味が異なるからわざわざ違う言葉があるのだ。今の世の中は暴力に対して過敏になっていて、家庭内でもこれまでだったらしつけの範疇として社会的に許容されていたことがDV（ドメスティック・バイオレンス）と呼ばれて忌避されたりする。

はたしてそんな傾向が正しいのか、私はここで今一度問いたいのである。

5. それでも、拳で救える生徒はいる

前項を受けて、この項ではさらに深く体罰について考えてみたい。

そもそも体罰とは何だろう？　体罰について語るためには、まず体罰という言葉の意味を知ることが必要になる。体罰という行為について整理と精査を行うことなしに体罰の善悪を語ることは無意味でしかない。

体罰とは何か？――それは教育的目的をもって子どもに加えられる、肉体的苦痛をともなう懲らしめのことである。その先には教育的成果が常に問われる。

体罰と暴力の違いは〝教育的目的〟の有無にある。教育的成果を目的としない教師の生徒に対する肉体的苦痛は、体罰ではなく不当な暴力行為だと言っていい。

現在の日本では教師の不当な暴力も体罰として扱われているのが通常で、この言葉に対する精査のなさが教育界に大きな影響を及ぼしていると言えるだろう。

たとえば、弱い立場の生徒や教師を不当な暴力から守ることや、教師と本人しかわ

からない関係性の中で、肉体的接触の痛みを感じることで己の至らなさを感じさせ、愛情をもって反省・成長させる行為も単純な暴力や〝エセ体罰的暴力としての体罰〟と同じ範疇に入るのだろうか？　体罰なのだろうか？

不当な暴力と体罰の区別がなされていない現状では、何が体罰で、何が体罰ではないか正しく認定できるはずがない。ただひたすらに肉体的接触を体罰と認定し、弱者を不当な抑圧から守り、非行に走る生徒を止めるための手段もすべて体罰と認定する現在の状況は、教育界に大きな歪みを作る源になっている。体罰と認定されることは、そのまま単純な暴力と認定されるに等しい意味を成してしまっている。

その傾向が特に顕著になったのは2012年に起こった桜宮高校体罰事件（注・大阪市立桜宮高校バスケットボール部の顧問を務める教諭の体罰により同校2年生の生徒が自殺。その後の調査でバスケットボール部以外の部活でも体罰が横行していたことが発覚した）からだろう。あの事件以降、本来の体罰論争は封殺され、「体罰＝暴力＝タブー」になってしまった。教師は「愛のムチ」と「正義の鉄拳」を捨て去ると同時に、身を挺してでも子どもたちや社会秩序を守ろうとする気概までも捨て去ることになった。

たしかに教育的目的と成果を免罪符に、安易なエセ体罰的暴力行為が歴史的に横行していたことが桜宮高校の事件につながったことは否定できない。

しかしこの問題の本質は教育界や世間全体の、体罰と不当な暴力を精査する力のなさにあり、今こそ言葉の精査の上に立つ本来の体罰論議が求められるのではないだろうか。暴力は暴力、体罰は体罰。エセ体罰的暴力もあくまで暴力——正確にいえば桜宮高校の事件は「桜宮高校体罰事件」ではなく「桜宮高校暴力事件」と呼ぶ方が相応しいものだ。

私たちにまず必要なのは、すべての行為を〝体罰〟という箱に入れて片付けてしまうのではなく、それがどのような目的をもってなされ、どのような成果を挙げたのか、成果など何もなかったのか、きちんと精査することだろう。何が体罰で、何がそうでないのか、本来の議論の深まりが求められている。

体罰論議の前提となる〝体罰〟とは「肉体的苦痛がともない、教育的目的を持つ、教育的成果がある、懲罰的教育手法（お仕置きや罰の範疇）」であり、本来の議論とは「体罰は法的に禁止されているが、教育目的と成功が見込まれるいわば〝愛のムチ〟ならばあってもいいのではないか？　ときとして必要ではないか？」「生徒や教師の安全を守るための肉体的接触による強制力の行使は、体罰に入らないのではないか？」というものだ。

本来の体罰の意味を知り、本来の体罰議論をしなければならない。

私自身に関しては、現状の解釈において体罰を振るった経験はある。

私はそれが唯一至高の指導法であるとは決して思わないし、愛のムチも正義の鉄拳も振るわず済むならそれに越したことはないと思っている。もちろん法律で体罰は禁止されている。そのことについて現在コンプライアンスから逃れることはできないし、別に逃れようとも思わない。

だがその一方で、私は愛のムチ、正義の鉄拳が生徒との関係性において有用性がゼロではないということも経験値として知っている。それゆえ私は個人の責任において、いざというときは覚悟を持って生徒に拳を振るうということも行ってきた。その

「いざというとき」がどういうときなのか、明確にマニュアル化することはできないが、人として、大人として必要と判断したときにそうしてきたということだ。

現状のルールとして、そういう手段を行使したことへの処分は当然受けなければならない。

ただ、ひとつ言いたいのは、私にとって「思わず手が出た」というケースはありえない。また、私は感情の捌け口として拳を振るうことも絶対ない。

私が生徒に拳を振るうのは、あくまでも「必ずより良い方向に導いてやる」という確信と覚悟があるときだけだ。殴られる理由があり、指導の効果があり、指導する、――されるという人間関係がそこにある場合に限って、私は世間の目も気にせず生徒に拳を振るってきた。

私の行為が本当に効果があったのか、私はその生徒にかかわり続けることでずっと検証を行っている。体罰を行った後で信頼関係を築いたケースも少なくない。在学中も卒業後も、今に続くたくさんの交友関係の中で私は自分のやった行為が正しかったのかどうか検証を続けているのである。

いま学校では暴れる生徒や暴力を振るう生徒に対し、警察対応、介入がマニュアル化されている。だが警察扱いになるということは、子どもを犯罪者にするということである。

私はそれならば、それが体罰だと言われようが、その生徒を殴ってでも彼の暴力を止めるべきだと思う。教え子が犯罪者になることを防ぎたいと思う。

さらに生徒の暴力行為を止めるだけではなく、彼の考え方、心の在り方が彼の成長を阻害していたり、反社会的であったり、差別的であったり、または非倫理的であると感じたときは、徹底して指導しなければいけないと思っている。

しかし今のご時世、大きな声で怒鳴ったり、腕をつかんだり、首根っこをつかむことも体罰になる。セクハラやパワハラは相手の気持ち次第というところもあるが、体罰は第三者からの訴えでも成立してしまう。

何度も書いているが、私がみなさんに訴えたいのは、体罰は単純な暴力ではないということである。教育現場で禁止されている教育手法のひとつであるが、単なる暴力とは歴然とした違いがあるということを理解してもらいたい。

規則がある以上、処分も必要だが、しかし現状、どんなささいな事件でもマスコミや世間や教育委員会は桜宮高校体罰事件と同等の冷ややかな視線をこちらに向けてくる。それは過剰な反応だと言わざるを得ない。

最後に長年教育現場に立ってきた立場の者から、一言だけ言わせてほしい。

――それでも、いざとなれば拳で救える生徒はいるのだ。仮に肉体的苦痛がともなおうが、それで救える生徒はいるのだ……。

6. 教育の原点は『奇跡の人』

『奇跡の人』という物語をご存じだろうか。ヘレン・ケラーとサリバン先生が登場する有名な戯曲と説明すると、「ああ、あれね」と思われる方も多いだろう。

幼い頃の高熱で視覚と聴覚の両方を失ったヘレン・ケラーは病気と同時に言葉も失い、しつけも受けられない身体になってしまった。両親は不自由な身体を気遣うあまりヘレンを非常にわがままに育ててきたが、そんな彼女のもとに家庭教師のサリバン先生がやって来る。先生はときに厳しく、ときに優しくヘレンに接し、やがてヘレンはあきらめかけていた話すという行為ができるようになる――。

ヘレンの手に実際に井戸水をかけることで〝ｗａｔｅｒ〟という言葉を教えたというエピソードや、ヘレンがその後、教育家・社会福祉活動家として大成したこともあって日本でもよく知られた物語だが、最近私は改めてこの『奇跡の人』に教育の原点があるような気がしている。それは主に2つの理由からである。

ひとつ目はサリバン先生がヘレンを〝箱の外〟に出してやろうとしたことだ。

ヘレンほど重篤ではないにせよ、今の日本でも病で苦しんでいる子どもはたくさんいる。たとえばいじめを受け、心を病み、不登校になったり、ひきこもりになったり、またはうつ病になってしまったり……。彼らは程度の差こそあれ心に傷を負い、それがきっかけで外の世界に出ていく勇気を失い、自分の〝箱の中〟に閉じこもってしまっている。

そういう子どもたちに対して今の教育がどう接するかというと「不必要な手立てはしないようにしましょう」というのが定説である。一度〝病んでしまった〟生徒に対しては、とにかく腫物のように扱う。そしてそのまま〝箱の中〟にいてもいいように配慮することが求められる。

今の時代、心の病んだ生徒に「がんばりなさい」という言葉をかけると、その子を追い詰めることになってしまうというのは一般的に知られることである。それゆえそういう、そっとしておくという配慮が一概に間違っているとは言わない。逆にそういう配慮が必要な時期というのもあるだろう。

しかしずっとそのままでいるのはどうなのか。〝箱の中〟に入ったままの子どもをいかに立ち直らせるか、ということに関してはどうして誰も話そうとしないのか。

そもそも「この子はこういう子だから」と決めつけた時点で、子どもの成長は止まってしまう。それはヘレンの両親も同じで、「この子は目も見えなくて、耳も聞こえなくて、言葉もしゃべられないのだから、食べるときに手づかみでも仕方ない。他人の皿のものを食べても、後片付けができなくても仕方ない」と思っていた。

大人の考えていることに対して子どもは鋭敏だ。ある意味、大人が「うちの子どもはこんなもの。しょうがない」と思っているからこそ、子どもがそうなっている節もある。逆にいえば、大人が自身の思い込みを変えてやれば子どももまた変わっていくのだ。

サリバン先生はヘレンをあきらめなかった。ヘレンがいくら嫌がっても粘り強く指導を続け、最終的にヘレンを〝箱の外〟に出すことに成功した。

私も以前、引きこもり気味の生徒にタイミングを見て「みんなの前で話してみるか？」と声をかけたことがある。もちろん無理強いはさせなかった。ただ、「やってみるか？」と提案しただけである。

現在の風潮からすると、私のやったことはとんでもないことになる。「病んでいる子にさらに負担をかけて……これで翌日熱を出したらどうしてくれるんだ！」と怒鳴り込んでくる親もいるだろう。

しかしチャレンジがなければ、その子はいつまでも箱から出られない。もしかしてその子はもう、今の箱から出ていく力を身に付けているかもしれない。ここでひとつ成功すれば自信をつけて、外の世界へ出ていけるかもしれない……。

精一杯の配慮はしつつ、教師には常にこうした〝箱から出してやる〟視点が必要なのではないだろうか。今は子どものストレスになることはとにかく排除していこうという傾向が強いが、その子がつぶれるほどのストレスでなければ、子どもを信じて一度ストレスを与えてみるというのも大事なことだ（もちろんその際、大人は見守り、手助けしてやることが必要だ）。そして子どもが勇気をもってチャレンジしたときは、たとえ結果が芳しくなかったとしても、その一歩を大いに評価してやってほしい。

私がサリバン先生に共感するもうひとつの部分は、教育の過程において「従順さを身に付けさせないと一切の指導は入らない」ことを書かれた点である。

これもよくあるケースだが、教師が生徒に厳しく指導した場合、しばしば親が割り込んでくる。学校で何を言われたか子どもが親に報告し、親が「あの教師はひどい！うちの子に何をやってくれるんだ！」とクレームを寄せるのだ。

サリバン先生のやり方にヘレンも両親も最初は反発していたが、やがて「先生は自分のことを想って言ってくれているのだ」と理解するようになる。そこから先生の言うことに素直に耳を傾けるようになり、急激な成長を見せていく。

つまり教師と生徒の間には一度信頼関係を形成する作業が必要であり、〝信頼にもとづく服従関係〟ができて初めて「教える→身に付けさせる」という段階に進んでいけるのだ。

それが今は、教師と生徒がぶつかり合って信頼関係を築く前に、親が出てきて妨害してしまう。いくら子どもが泣きつこうが、親が「先生の言うことは絶対だぞ」と言ってくれれば、子どもも早く従順になり、指導の土台となる関係性が作れるというのに……。

『奇跡の人』はもう半世紀以上前の物語だが、私はこれを時代遅れの話とは思わない。むしろ今の教育が忘れてしまった大事なことがたくさんつまっている作品だと思う。

7. 組体操問題に見る教育のひずみ

近年、運動会で行われる組体操が問題になっている。

多くの学校で事故や骨折などが頻発していることもあって、一時は「そもそもやる意味があるのか?」「止めた方がいいんじゃないのか?」とワイドショーでも取り上げられる機会が多かった。

そんな中、私の暮らす八尾市でも2016年2月1日、市教育委員から組体操に関する通達があった。それは組体操における高さの上限を決めるというもので、〝ピラミッド（四つん這いになった演技者をどんどん上に積み上げて、上に向かって細くなる三角形状の編隊を作る大技）〟なら5段、〝タワー（立っている演技者の肩の上に演技者が立つということを繰り返し、搭状の編隊を作る大技）〟は3段までにすべきだという提言を発表したのだ。

私はこれを聞いて大いに疑問を感じた。はたして組体操の問題とは高さにあるのだろうか？　高さを制限すれば丸く収まる問題なのだろうか？　私にはそうは思えない。私が思う組体操の問題とは、つまり学校や教師の指導力の問題であるからだ。

ここでは組体操を成功させるために教師に必要なものは何か、４つの観点から考えてみたい。

まず組体操を安全に遂行するために必要なのは、なによりも「日常の指導力」である。

特に組体操においては、個々の生徒、そして集団を効率的かつ安全に行動させることが必要不可欠だが、普段の生活からそれができていない状態で急に運動会でやれと言われても、どだい無理な話である。逆にいえば日常的に指導力が発揮できていないのに、急に運動会で難易度の高いことをやらせようとするから事故が起こってしまうのだ。

となると組体操が成功するかどうかは、その学校が普段から生徒に対する指導力を発揮できているかどうかにかかってくる。教師がきちんと生徒を指導し、生徒もまた教師の言うことに従う素地ができているか。たとえば急ぐところでは急がせることができ、走ってはいけない場面では絶対走らせないことができるか。まずベースとして、生徒と教師、両者の間に細やかな指導を行き渡らせることのできる信頼関係が築かれていることが必要なのだ。

次に必要なことは「生徒の力量を把握する力」である。

組体操は集団の競技であるとともに、個人の競技である。たくさんの個人が集まって、ひとつの大技を作り出す。その中で教師はひとつひとつのピースとなる個人がそれぞれどのような力を持っているか、それが集まったときにどれだけの能力が発揮できるのか把握していなければならない。部分と全体、両方を客観的に捉えられる力が必要なのだ。

それはたとえばある生徒をどこに配置するか、といった問題において浮上する。生徒たちにチャレンジさせることは大事だが、できもしないことをやらせても身にならないどころか事故を生みかねない。個人であれ集団であれ、その力量を見抜いてちょうどいい目標設定をしてやることが重要なのである。

さらに教師が身に付けておかなければいけないのは「自分自身の指導力を把握して

おく力」だろう。

先に挙げた「日常の指導力」「生徒の力量を把握する力」、それを自分がどれだけ備えているか正確に理解しておくことが大きな事故を防ぐことになる。あまり過大評価しているケースも危険だし、過小評価もまた危うい。自分自身が生徒に対してどこまで影響力を持っているか知ることは、自分がどこまで生徒のパフォーマンスを引き出すことができるのかにつながってくる。そうするとおのずと「ここまでは安全で、ここからは危険だ」という危険水域を察知できるようになる。

そして最後に必要なのは「付帯的要素としてのリスクマネージメント能力」である。

これは何を意味するかというと、教師や学校の判断を曇らせる要因をあらかじめ予測する力のことである。たとえば学校サイドの見栄、保護者のプライド……運動会という晴れ舞台では冷静さを失わせる不確定要素が付きまとう。本質を見失わせ、事故の原因となるそうした要素も十分に勘案して目標を設定することが大事なのだ。

以上４つ、教師が組体操を行う際に必要な能力を挙げてきたが、これらのひとつでも欠けていれば、たとえピラミッドが5段以下、タワーが3段以下であっても、その学校の組体操は危険なものになる。逆に学校にも教師にも適正な能力がある場合は、それ以上の高さにチャレンジしても安全上問題ないはずである。

最後に長年組体操を指導してきた体育教師として言わせてもらえれば、本来組体操は高さや大きさを競うものではなかったはずである。むしろ組体操の見どころとは、指先から足のつま先まで神経の行き届いた基本姿勢の美しさにあると私は思っている。

立ち姿、気をつけの姿勢の美しさ、合図によってきびきびと動く行動の闊達さ――それは付け焼刃でできるものではなく、日常生活を含めたトレーニングの中で磨かれるものだ。

「そもそも私たちは組体操を通じて生徒たちに何を教えたかったのか？」ということを学校も改めて考え直す時期なのだろう。

8. 寝屋川中学生深夜徘徊事件とマスコミへの疑問

2015年8月、大阪府寝屋川市で痛ましい事件が発生した。深夜に徘徊していた中学1年生の男女2人が行方不明になり、遺体となって発見されたのだ。

この事件も連日テレビで放送されていたので、記憶に新しい方も多いだろう。夏休み中の中学生の事件、猟奇的な事件性、それに加えて舞台となったのが私の住まいのある八尾市からそれほど離れていない場所だったこともあって、私もひどくショックを受けた。生活者としても教育者としても衝撃的な事件だった。

事件自体の残虐性もさることながら、事件の概要が明るみに出るにつれて多くの人が不審に思ったのは「どうしてこんな夜中に中学1年生の男女2人が普通に街を歩いているのか?」ということだった。寝屋川駅前の商店街の防犯カメラに映る2人の姿は所在なげで、心許ない。彼らは友人に「泊めてほしい」と連絡したが断られ、商店街のベンチで一夜を明かした。その様子を複数の大人が目撃していたが、声を掛けて家に帰るよう促した人物は一人としていなかったという。

まず私たちが普通に思うのは、「2人の親はこのことを知っていたのか?」ということである。まだ中学校に入ったばかりの子どもが深夜に家を空けていること、男女2人でふらふら商店街を徘徊していること、それを親は知っていたのか? 知っていて許していたのか?――多くの教育評論家たちは〝家族の問題〟という角度からこの事件に切り込んでいった。

そしてもうひとつこの事件を通して議論されたのは、深夜に徘徊している未成年に対して寝屋川の大人は誰も声を掛けなかったという事実である。地域コミュニティの抑制力が皆無だったという点に、私は今の日本という国の空気の在り様を見る想いがする。

夜中に中学生がウロウロしていたら普通誰でも不審に思うのではないだろうか。私だったらまず確実にそう思う。そして必ず「おまえ何してんねん」と声を掛ける。それは私の生徒であろうがなかろうが関係ない。「オッサンに何の関係もないやろ」「別に誰かに迷惑かけてるわけやないやろ」「親が許してるのに口を挿むなよ」……子どもがいくら言い訳しようが、私はそんなことに聞く耳を持たない。「こんな夜中におかしいやろ」と断固として引き下がらない。

もしそれが近所の知っている子だったら、「いやだ」と言っても首根っこをつかんで連れて帰るだろう。もし知らない子だったら即座に警察を呼んで突き出す——今はそれができないのだ。余計なトラブルに巻き込まれることを恐れ、彼らのような漂流する子どもたちに誰もかかわろうとしない。

実際私はコンビニ前で騒いでいる子たちがいたら、基本的に声を掛ける。その瞬間は不穏な空気になり、もめそうになることもある。向こうも最初は「オッサン、うるさいわ！」という剣幕でかかってくるので、私もこれまでの修羅場で培った〝怒りと愛のオーラ〟を漂わせる。「このオッサン、本気で言ってるわ……」ということが彼らに伝わると、その多くは簡単に去っていく。コンビニの前にいる子どもたちの中に、そこまで気骨があってたむろしている者などほとんどいないのだ。

知らない子どもたちに注意するとき重要なのは、「いざとなったらとことん行くで」という、こちらの本気度を見せることである。へたに「ねえねえ、君たち……」と甘い態度に出ると「オッサン帰れ！」と言われてそれで終わりである。「僕はもめてもいいいんだよ。それくらい君たちのことを心配しているんだよ」という迫力が出ていれば、彼らは即座に察知する。

そもそもそういう子どもたちは悪いことがしたい一方で、もっと自分たちのことを構ってほしい、本当はガツンと怒られてまっとうな道に引き戻されたいと思っているフシがある。現に私は注意した子どもに後日別の場所で会ったら「あのときはオッチャン、ありがとう！」と感謝の言葉を述べられたこともある。

今は誰もが事なかれ主義で、街中でたむろしている子どもに注意できない時代になってしまった。それは無関心であり、勇気のなさであり、さらには子どもに対して誰も本気で向き合おうとしていないことの表れである。

それと同時にこの事件に関しては、マスコミの対応にも疑問を感じる。

事件を報道する際、コメンテーターやアナウンサーは訳知り顔で「今後はこういうことが起こらないよう、声掛けのできる社会にしなければならないですね」などと発言する。しかし、じゃあこちらが彼らの腕をつかんで連れ帰ろうとしたらどうなるか？　今度は「それは暴力だ」「暴力はいけない」といって、声掛けした側を非難するのである。

マスコミは常に傍観者で、どんな問題に関しても「難しい問題ですね……」と言葉を濁すだけで終わってしまうことが多い。問題の解決が難しいのはわかるが、せめてそれならば事態を解決しようと頑張っている人には称賛の声を上げてもいいのではないか？

夜中に徘徊する子どもに声を掛けていれば、もしかして残虐な殺人事件は防げたかもしれない。多少手段は乱暴かもしれないが、大きな悲劇は回避されたかもしれない。それなのに勇気を持って立ち上がった人が糾弾され、ときには変質者扱いされてしまうような世の中はおかしくないだろうか。そういう風潮をマスコミが作っているからこそ、あえて火中の栗を拾おうという人が減っているところもあると思う。

問題は黙って見ているだけでは、いつまで経っても解決しない。誰かが行動して、初めて解決に向かって動き出す。マスコミは何の実行力もないのなら、せめて行動者たちの足を引っ張ることはせず、前向きな活動をしている人を取り上げ、紹介し、彼らのことを称賛することで社会を良くするための援護射撃をしてほしいと思う。

9.「自殺は絶対あかん」となぜ言えないのか？

死んではだめだ。自殺はしてはいけない。自分で自分の命を絶つのは愚かなことだ——そんなこと改めて言うまでもなく、当然のことである。

しかしこれが当たり前ではない現場というのが世の中に存在する。

それはどこか？　学校である。本来ならこういうことを一番言わなければいけないタイミングである自殺が起こった直後の状況下で、これらの言葉はタブーになっているのだ。そのときに〝一番言わなければいけないこと〟を言ってしまうと、あなたはさまざまなバッシングを受けることになる。

それは私自身が実際経験したことでもある。２０１５年12月、広島に住む中学校３年生の生徒が自殺した。生徒はやったこともない万引きをやったと誤解され、それが内申書にも記載されたことで未来への希望を失ったという。

私はこの件に触れて、「自殺はあかん」とブログに書いた。するとバッシングのコメントが何件も寄せられた。彼らは私の「自殺はあかん」という発言が、亡くなった中学生のことを批判していると言うのだ。

冷静に考えてみてほしい。子どもが自殺した直後に、死人に鞭打つようなことを書くはずがないではないか。文中でも私は亡くなったお子さんには十分追悼の意を表している。だが、それとは別の話として、私はいま生きている人たちに「死んではだめだ」ということを伝えたいのだ。「いくら傷ついて、絶望的であっても、死ぬのは愚かなことだ。死ぬことは無意味なことだ」と訴えたいのだ。それが「自死家族への配慮が足りない」ということで、あっという間に炎上してしまう。私にはどうしてもこれが正しい反応だとは思えない。

たとえばブログにはこんなコメントも寄せられた。

「私も息子を自死で亡くしました。自死家族のひとりとして、あなたの書いた文章は自死家族への冒涜だと思います」

私はコメントを寄せた人にこう言いたい。だったらあなたは息子さんと同じ悲劇が繰り返されていいと思うんですか？　自殺はなるべく減った方がいいと思いませんか？　私はだからこそ、こういうメッセージを発しているんですよ……と。

もちろん何かを発信する際は、それを読んで傷つく人がいないよう言葉のニュアンスも含めて気配りが必要である。なかでも亡くなった方、その周辺の方々に対しては最大限の配慮が要求される。しかしこのような指摘はもはや言葉遊びのレベルではないか？　そのせいで本当に大事なメッセージが伝えるべきところに伝えられなくなっている現状が、私は歯がゆくて仕方ない。

自殺に関してはこんなケースもあった。

大阪で有名なＤＪであるヒロＴさんがとあるテレビ番組にコメンテーターとして出演したとき、自殺の話題になった。その中でヒロさんは「親って子どもが死ぬのわかってなかったんかな……」とポロッと言ってしまったのだ。そのときのまわりの反応がすごかった。他の出演者たちが一斉に「それはわかってないわ！」「それを親に求めるのはかわいそうやわ」とヒロさんに対して猛烈なバッシングをはじめたのだ。

これも自殺におけるタブーというものにヒロさんが触れてしまったことで起こったことである。私自身はヒロさんの感想に賛同する。私がもし自殺した子の親なら「どうして自分が止められなかったのか？」と自問するだろうし、それ以前に自分の子どもが死にたいと思い詰めるほど悩んでいたら、どこかでその兆候に気付くような気がするからだ。

しかしそれを口にしてしまえば、その自殺した子の両親を暗に責めることになってしまう。本当はそんなことまったく思ってなかったとしても（おそらくヒロさんも素直な感情としてそう言っただけで、ご両親を非難してるつもりなど毛頭なかったはずである）、そういうニュアンスが発生してしまう。だからその言葉は世間的にタブーとなる。ただ、これに関しては自死家族の心情を想うと、多少は納得できる面もある。身近な人が自殺してしまった場合、誰も「彼が自殺してしまった原因は自分にある。悪いのは自分だ」と思いたくはない。それはあまりにも重すぎる。だから責任を別のところに転嫁しようとする。「学校が悪い」「学校がきちんと指導していたらこんなことにならなかった」……誰もが責任をひとりで背負い込めるほど強くないのだ。

だから遺族は自分たちが悪いと言われている気配に敏感になって、噛みついてしまう。本当は責められているわけではないのに、過敏になって、自己保身のためそういった言論を封殺してしまう。

しかしもう一度考えてみてほしい。誰もあなたのことを責めようとしているわけじゃないし、私たちは犯人探しをしたいわけじゃない。それよりも大事なのはもうこれ以上、悲しい事件を起こさないようにすることである。

そのためには自殺という事件が生々しいショックを与えている状況下で、生きている子どもたちに「自殺はあかん」と教えてやるのが一番だ。鉄は熱いうちに打て、である。「自殺は無意味だ」「自殺は馬鹿げている」「どんな理由があっても何かを訴える手段として自殺を使ってはいけない」……自殺の連鎖を防ぐ意味でも、自殺が起こった直後こそ、こうしたメッセージをしっかりと発信しなければいけない。

最後にもう一度みなさんに問いたいと思う。

「自殺はあかん」と大声で言えない世の中って、やっぱりおかしいと思いませんか？

10. モンスターペアレントにならないために

大半の親は、自分は良識のある親でモンスターペアレントではないと思っている。だけど本来はどの親もモンスター予備軍である。

たとえばみなさんはこんな経験はないだろうか？

とりあえず言うことは言う。学校や教師に状況も確認せず、自分の言いたいことを主張する――これはもうすでに〝小型モンスター〟である。

これが〝大型モンスター〟となると、刹那的なわが子の感情と、わがままなマイルールを振りかざして教師や学校を責め立ててくる。

そして〝超大型モンスター〟になると、なんの理由もないのに自身のストレス発散のために学校いじめや教師いじめ、モラハラ、パワハラを繰り返す。

モンスターは他にもいる。〝食わせものモンスター〟は日頃は子どものことなどほったらかしで、むしろ子どもから無視され、馬鹿にされている親が、わが子のご機嫌をとり自分の威厳を示そうと、ここぞとばかり学校に乗り込んでくるパターンだ。

〝親ばか開き直り型モンスター〟は溺愛・過保護も親の愛、愛はクレームの免罪符とばかりに「親ばかだとわかっていますが、子どものために言わせてもらいます!」と言って乗り込んでくる親たち。本人は「子どものため」と口にするが、不要なクレームほど子どものためにならないことは理解できていないようである。

これまで挙げたすべてのケースは、一般的に良識ある大人がやることではない。将来のわが子に何が大切か、今の困難やトラブルがわが子にどう影響するか、それを想像できる大人なら決してやらないことばかりだ。

こういったモンスターは当然のことながら、教師にとって厄介な存在である。あっていいことではないが教師も人間、このようなモンスターの影に無意識におびえ、モンスターの子どもに不要な気遣いをしてしまうこともある。

それは生徒も同じである。子どもだってモンスターの子どもには関わりたくない。そうすると、モンスターの子どもは次第に周囲から避けられるようになる。子どもにとって周囲と円滑な関係が結べなくなることほど、成長の足枷になることはないだろう。

つまり想像力と良識のない大人が、わが子のためと言いながら結局はモンスターに変身し、愛するわが子に不利益を与えてしまうのだ……。

だからみなさんには忘れないでほしい。

みなさんはいつでもモンスターの予備軍になりうるということを。そして教師にとってのモンスターはわが子にとってもモンスターであり、想像力と良識のみがモンスターになってしまうことからわが身を守ってくれるということを。

ちなみに私の場合は、常に〝将来のわが子〟のことを考え、そこに向かって子育てをしてきた。

私にとっては溺愛を抑制することがわが子への溺愛だった。父母から自立させるために厳しく育ててきた。いわば、私は子どもを手放すために愛し、育ててきた――それがわが家の中心となる教育方針だったのである。

私自身、これまでの教員生活でさまざまなモンスターペアレントに遭遇してきた。

実際のところモンスターペアレントは言ってることが支離滅裂だったりする。論点をずらしながらこちらの非をついてくるケースもあり、相手をするのは非常にやっかいだ。議論にならない押し問答を何時間も続けたり、こちらが疲弊させられるケースも多い。

たとえばかつてこんなケースがあった。若い教師がクラスの男子生徒が犯した問題行動で彼の家を訪問した。その話をしていると、そのとき家にいた彼の弟も兄の話を聞いてしまった。彼の両親は息子のことなど忘れて、怒り狂って攻撃してきた。「弟の前で兄の犯した問題行動の話をすることはないじゃないか。これが弟のトラウマになったらどうしてくれるんだ！」と。

冷静に考えれば、親が話題をすり替えようとしていることは明らかだ。彼らは「こんなひどいことをする学校に息子を処分する資格があるのか？」という論調に持ち込み、うまくいけば学校側の非（と一方的に決めつけたもの）と引き換えに息子の罪をなかったことにしようと目論んでいるのだ。

クレームを引き継いだ私は「弟さんのことは謝る。しかしそれとこれとは話が別。

息子さんに対する処分は変わりませんよ」と両親に話をした。理不尽なことを理不尽だとはっきり言うことで最終的に親はあきらめ、事態は収拾に向かうことになった。

これはあくまで一例だが、モンスターペアレントとはまともな議論ができないことが多い。それは向こうがまともな議論を避け、事態を泥沼化させることで少しでも自分たちに利益を誘導できないか考えているからだ。

大阪には昔から「ごねたもん勝ち」「言うてなんとかなるもんなら言うてみよ。別に損することはないし」という文化があるが、もしかして根底にはそういう精神性があるのかもしれない。だから自分で「ムチャなこと言ってるな」とわかっていても、彼らはひとまず教師にムチャを言ってみるのだ。

こういうときに教師に必要なのは、毅然とした態度である。それがすべてだと言っていい。モンスターペアレントは厄介な存在だが、命までとられることはない。子どもの成長を真剣に考えているのは誰なのか、真の正義はどちらにあるのか、そのことを胸に決して折れずに応対していれば、いつか彼らは退散していく。

逆にちょっとしたサボり心や、トラブルを回避したいばかりに安易な妥協をしていれば、彼らはそこに付け込み、問題はより深刻化、複雑化していくだろう。

モンスターペアレントに対する対処策を練る一方、学校側はモンスターペアレントを生まない努力をすることも必要だ。彼らに対する最大の防御策はずばり、子どもにとって教師が最大の味方であるという関係を普段から作っておくことである。

普段から子どもと教師の間で信頼関係が築かれており、それを親も理解していれば、彼らはモンスター化する必要がなくなる。なぜなら「一番大事な子どもが一番信頼している相手が教師」という図式がちゃんと成り立っているからだ。

そういう意味で、モンスターペアレントを出現させるのもさせないのも教師の腕ひとつということになる。普段から生徒や親と親密なコミュニケーションを図り、もしもモンスターが来てしまったらひるまず毅然と対応する――このような態度を早く多くの教師が身に付けることを願っている。

11・大阪府教育委員会の愚行と罪

第1章の中でも幾度か触れたが、ここでは改めて大阪府教育委員会の愚行について書きたいと思う。

そもそも私が大阪府議会議員選挙に立候補したのは、現在の大阪府教育委員会のやり方に納得がいかなかったからである。別に私は政治家になりたいという野心などひとかけらもなかったが、教師のひとりとして教育現場のあまりの混乱ぶりと荒廃を目にして「このままでは日本の教育がダメになる」という想いから立候補を決意した。

なぜ大阪だけがこのようなことになってしまったのか？　他地域と大阪の何がそんなに違うのか？　それは大阪の特殊な政情が影響している。

大阪の変化は2008年、橋下徹氏が大阪府知事に就任したところからはじまった。そこから大阪維新の会、日本維新の会と呼ばれる一派が政治の中枢を握るようになるが、彼らは教育改革の名の下にダイナミックな変革を行っていった。つまり政治の教育に対する介入である。

たとえば学区制を撤廃、私学無償化、教育基本条例の成立により首長の教育委員会に対する権限を強め、校長を外部から公募して混乱を引き起こす……そんなふうに彼らはブルドーザーのように大阪の教育環境を激変させた。

当初私は彼らの改革案に対して賛成していたところもあった。私は以前から教師の公務員的な部分に対して甘すぎると思っていた。ひとつ例を挙げるなら、当時高校の教師には自由出退勤が認められていた。たとえば4時限目の授業をやる教師は4時限目の直前に学校に来ればよく、授業が終わればすぐに帰っていいという慣習があった。

公務員として一定の給料をもらっておきながらそれはないんじゃないか？　おまけに頑張っている教師と手を抜いている教師が正確な評価もされず同じ給料をもらい、年齢によっては逆転したりする。そういった公教育の世界で蔓延するぬるま湯体質に疑問を持っていたのだ。

維新の政策は一方ではそういった私の不満に応えてくれたが、しかし問題はその矛盾したやり方と程度だった。維新の変革は急激かつ不合理すぎて、今度は逆の弊害が際立ってきた。学校を巡る環境はぬるま湯体質から、今度はあまりにも締め付けが厳しい管理体質へと変わり、現場は混乱に突き落とされた。

たとえば校長の選び方などそのひとつだ。以前は現場の叩き上げが校長になることが多かったが、現在は現場を離れて何年か教育委員会に籍を置いた者が校長になるケースが増えている。それは行政の方針をスムーズに学校に反映させるためだが、このトップダウンの強化によって教育現場は極めて息苦しくなった。教育委員会から派遣された校長は現場感覚が薄く、行政のやり方をひたすら押し付けることしか知らないからだ。

民間の会社では社員は上司の言うことに絶対服従が求められるが、教師の世界も同じように変わってきたのである。現場の意見より校長の意見、それより強い行政の方針——という具合に。トップダウンが悪いとは言わないがトップの質がそれに耐えうるものではないのだ。その象徴として〝職員会議〟の廃止も挙げられる。

知らない方も多いと思うが、実はいま大阪の学校で〝職員会議〟というものは存在しない。その代わりに行われているのは〝職員連絡会〟である。これが何を意味するかというと、これまでは職員全員で協議していたことが、今は校長の専決で行われるということである。もはやみんなで話し合うという余地はなく、ただ一方通行の決定事項が通達されるだけ。各教師の意志や人格を無視するこの方針に私は強い危機感を感じてしまう。

それとともに現場を混乱させているのが、管理職の評価基準の変化だ。公務員体質の払拭《ふっしょく》のため民間の手法が導入されたのはいいが、教育委員会が評価するのは「何をやったか」ではなく「何をどう変えたか」。つまり変革なきところに評価なし。彼らは現場の改革を加速するために「変革こそ最大の美徳である」という旗印を掲げ、それが逆に大きな厄難を呼んでいる。

変革は各学校で工夫され、時間をかけて培ってきたこれまでの良いやり方をも破壊してしまった。さらに変革自体が目的化してしまったことで、いつまでも教育方針が一定しない、トップが変わるたびに方針もコロコロ変わってしまう腰の据わらない教育環境を生み出してしまった。

その他、例を挙げればキリがないが、政治の教育への不当な介入によって巻き起こった大阪府教育委員会の〝改悪（と言っていいだろう）〟は今もなお続いている。その爪痕は何の反省もないまま放置され、トップと現場の意見や価値観は大きく乖離《かいり》したままだ。

いや、状況はさらにひどくなっているかもしれない。現在、お上に意見を言う人は次々と排除され、組織に残っているのはイエスマンだけだ。外からの意見に聴く耳を持たず、ますますいびつに硬直化していく組織に信頼など持てるはずがない。現場の校長、教頭とて例外ではなく、彼らの役割は行政のメッセンジャーにすぎない。

だからこそ、いま誰かが立ち上がらなければならない。私でなくてもいい。誰かがＮＯという声を上げないと、このままでは教育現場が手の付けられない状態になってしまう。

すべてが手遅れになってからでは、もう遅いのだ。

私が大阪府議会議員選挙に立候補したのは、上記のような教育行政の改悪に対する歯止め、教育現場の再生が目的だったが、教師を辞めた理由としては実はもうひとつ別の教育委員会の愚行があった。

それは私が柏原東高校に勤務していた頃のこと。当時日本中を揺るがせていた「桜宮高校体罰事件」を受けて、柏原東高校の全教職員に体罰に関するアンケートが行われることになった。校長からはまず「体罰に関する申し出を口頭でするように」という通達があった。それはあくまで任意での申し出だった。

校長は「口頭での申し出は処分の対象とはならず、あくまで全体の把握のために行うものだ」と断言した。当時、首席を務めていた私はその言葉を信じ、不安がる先生たちに「これはあくまで全体の把握のためなので、素直に申し出てほしい」と指導した。

しかし正直に申し出のあった学校のみに、今度は体罰に関するアンケートが実施されることになった。どうやら学校によって校長の伝え方はまちまちで、思い当たる節があっても申し出がなかった学校も多数あったようだ。

口頭での任意の申し出だったはずが、申し出のあった学校にはアンケート実施——

この流れに不安を抱いた若い先生は、事前に私にアンケートの趣旨を確認しに来た。私は校長に「このアンケートの趣旨は実態調査ですね。答えた内容について処分されることはありませんね？」と再度念を押し、校長も「教育委員会に確認したがそれはない。だから素直にアンケートに答えてほしい」と答えた。それを受けて私も「これは実態の把握だから安心してアンケートに答えるように」と改めて先生方を諭した。

しかし結果的には、このアンケートを利用して、教育委員会は正直に答えた教員たちを処分したのである。

私も「生徒の胸倉をつかんで押し倒したことがある」と正直に答えたが、そんな私は処分されず、若手教師の何名かは処分され、次の賞与は大きく減額された。それだけでなく若い教師に「正直に答えなさい」と諭した私は、あろうことか翌年教頭に昇格してしまったのである。

当然のことだが、我々は禁止された体罰を行使した事実からは逃げてはならず、実際に逃げる気もない。しかしそれとは別に、今回の処分ほど不平等かつ不合理なものはない。結局任意であるのをいいことに学校ぐるみで難を逃れたところもあったし、卑怯な校長や嘘をつき通した教師は処分されなかった。そして命令に真摯に向き合った者は、だまし討ちのような格好で処分された。言ってしまえば、正直者が馬鹿を見たケースだったのである。

私の倫理観はそれをどうしても許すことができなかった。私はその校長のやり方も、教育委員会の汚いやり方も許せなかった。なにより私自身がやったことが許せなかった――。

管理職のやり方、教育委員会のやり方に対して、私が教職を辞して戦う覚悟を決めたのは、この体罰事件のアンケートという愚行が大きな原因のひとつなのである。

12. 生徒に評価され、給料を決められる先生ってどうなの？

大阪教育委員会が〝改悪〟したことのひとつが教師の評価制度である。

これも最初に評価制度ができると聞いたとき、私は正直嬉しかった。それまでは教師が評価されるということはなかったし、評価基準というものも確立されていなかった。頑張っている先生も頑張っていない先生もすべて平等。授業は個々人のやる気に委ねられ、職員室には呑気なムードが漂っていた。

そこに彼らは評価制度を設けると言ってきた。これまで年功序列で定めていた給与体系も、評価によっては逆転現象が起こりうることになった。「これで学校に活気がでるだろう」「手を抜きがちな先生も頑張らざるを得なくなるだろう」。私はそんなふうに期待した。

しかし実際導入された評価制度は期待を大きく裏切るものだった。それはなぜか？その評価というものが生徒へのアンケートを中心に下されるものだったからである。それに加えて評価を下す校長や教頭といった管理職のレベルも著しく低かった。

ここでひとつ言っておきたいのは、私は生徒アンケートを全面的に否定するわけではないということだ。むしろ生徒の想いを知ることは教師にとって大事なことだと思っている。自分の授業がちゃんと伝わっているか。わかりやすいか。みんな楽しく学べているか……それを知ることで教師は自分のやり方を見つめ直し、授業をブラッシュアップできる。

だが、生徒の声を参考にする程度ならいいが、それが絶対的評価になった場合はどうだろう。生徒の声がすべて。生徒に嫌われる先生はダメ教師のレッテルを貼られ、さらに給与まで下がってしまう。そうなってくるとこれは笑い事では済まなくなる。教師は生徒たちの顔色をうかがい、子どもに迎合するようになっていく。

実際のアンケートがどのように行われているか、ここで説明しておこう。基本的にアンケートはすべての授業で行われる。学校ごとに多少質問のニュアンスは異なるが、「この先生の授業はわかりやすいか?」「進め方はどうだ?」「ＩＴＣ（情報通信技術）はどれくらい活用されているか?」……そういった項目に関してそれぞれ5段階評価で生徒は評価を下す。

つまりすべての授業の満足度が数値化されるのだ。そこで出てきた数字が合算され（生徒アンケートの数値＋教頭と校長の評価）、その授業を行う先生への評価が決定される。

ここで問題となるのは、先程言ったように教師が生徒に審判されるということである。生徒が評価の主導権を握ったことにより、教師が生徒に委縮するようになった。本来、教師は「おまえらが嫌がろうが、絶対将来おまえらのためになる」という熱い気持ちと確信があれば、生徒が嫌がるような指導でも執り行うのが普通だった。しかし評価のイニシアティブを生徒に握られたことにより、先生は生徒に嫌がられそうな案件に関しては尻込みするようになってしまったのだ。

教師といえど人間なので、評価がボーナスや退職金に反映されるとなるとそれは態度に影響する。ましてや自分の指導に自信がない教師の中には、生徒の満足度を「保護者ニーズを満たすこと」と勘違いして生徒のご機嫌をうかがうようになる者も出てくる。こんなふうに甘やかされた、まるでおべっかを使われているような教育がはたして将来子どもたちの役に立つのか、少し考えてみれば結果は明白だろう。

この評価のもうひとつの問題点は、評価されるのが授業だけということである。つまりいくら生徒指導やクラブ活動で頑張っても評価の対象にならないのだ。それは教育委員会が「学校＝大切なのは授業のみ。生徒指導やクラブ活動、学校行事といったものはどうでもいい」と宣言しているのと同じことである。教育の目的は子どもの学力を上げること。それ以外の人間教育に関しては放棄したと言っているようなものである。

私が思うに、この評価制度の導入は「大阪府の学力は低い」とあちこちで叩かれていることに対する教育委員会の弁解なのではないだろうか。「こんなシステムを導入して早期の解決を図っています」というアピールではないのだろうか。もしくは教育委員会が教師を手なずけようとしてやっているとも考えられる。行政がほしいのは数字だけであり、数字があればそれを使って教師を操ることなど簡単だ。

このような事態を受けて痛切に感じるのは、教育を数字だけで評価しようとすることの限界である。教育というものは今すぐ結果が出るものではない。10年後、20年後……どんな形で生徒の中でかつての指導が役に立つかわからないし、何がいい指導で何が悪い指導だったのかも死ぬ直前までわからない。

昨今のすべてを数字で評価する風潮を受けて、いま私が思うのは、結局「教師は職人なのだ」という想いである。教師は営業職ではない。結果を数字で判断できる職業ではない。

むしろ教師というのは、ひとりの職人として黙々とやるべきことに励むだけの仕事なのだ。優れた大工が「いい家を作ったな……」という誇りだけで満足するように、教師もまた巣立っていく生徒を見て「いい大人になったな……」と思える自己満足の中にしか本当の評価というものはないのかもしれない。

13. すべての学校行事には意味がある

入学式、卒業式、修学旅行、体育祭、文化祭、遠足、夏休み……学校生活にはさまざまなイベントがあるが、どうも最近はそれが形骸化しているように思う。

大阪府のある学校では「文化祭も体育祭も3年生は当日だけ来ればいい」ということがあった。面倒な準備にはかかわらなくていいから受験勉強に集中してくれ。その代わり学校としての体裁上、本番だけは顔を出してくれ——ということなのだろう。

私はそんな中途半端なことをするのなら、3年生は不参加でいいと思う。みんな学校行事をマニュアル通りにしか考えていないから、そんなことができるのだ。本来、学校行事にはひとつひとつ意味がある。それを理解せず形だけやっても、生徒にとって得られるものは何ひとつないはずだ。

ひとつの例として体育祭というものを取り上げてみよう。私にとって体育祭とは、一般的に考えられているように〝単なる運動イベント〟ではない。むしろ生徒の社会性をはぐくむチャンスがたくさん眠っている貴重な学びの場だと捉えている。

たとえば応援合戦をするとして、どんな内容のものをやるか？　それをどうやって決めるのか？　リーダーを誰にするか？　決めたことをどうやってみんなに納得させるか？　どうやって各自のスケジュールを調整して練習の予定を組むか？　本番前にどんな言葉をかけてチームの一体感を高めていくか？……応援合戦ひとつとっても、そのためにやらなければならないことは山のようにある。

生徒はそれを自分たちの力だけでやり遂げなければいけないのだ。ひとつのプロジェクト、ひとつのミッションを自分たちで完結させるのである。その過程でアイデアの発想力も問われるだろう、チームリーダーの重要性も学べるだろう、リーダーを補佐する役割も必要になるだろう、自分を殺してでも全体を優先しなければいけない瞬間もあるだろう、そしてなによりみんなで協力してひとつのことを成し遂げる一体感と歓びも感じられるだろう――。

これを〝学び〟と呼ばずして、一体何が学びだろうか？　学校は学業を習得させることも大事だが、こうした学校行事を通して人間教育を行うことも重要な要素である。それはどちらが欠けてもダメな車の両輪のようなもので、もし授業だけに徹するのなら学校は学習塾と何ら変わりないことになってしまう。

現在、教育現場では〝アクティブラーニング〟という言葉が大流行していて、これは生徒たちが能動的に動いて問題を発見し、解決策を見いだすという学習法を指す。具体的には体験学習だったり自然学習、グループ学習のような形で取り入れられているが、私に言わせればこれなどまさに体育祭や文化祭でやっていることと同じである。

机上の学問ではなく、集団の中でみんなで話し合いながらひとつの目標に向かっていくこと。あえて難しい言葉を使わなくてもアクティブラーニングと同質のものは、学校行事という形で以前からきちんと提供されていたのだ（授業においてのアクティブラーニングについては次の項で詳しく述べたい）。

そういう意味で私がいま、疑問に思っているのが修学旅行の変質である。修学旅行とは本来、文字通り〝学を修める〟ための旅行であり、昨今のディズニーランドやユニバーサル・スタジオ・ジャパンに行ったりするという思い出作りのための観光旅行とは一線を画すものであった。

その修学旅行に最近は新しい傾向が見られるようになった。それは〝民泊〟というもので、一般のご家庭に生徒が分散して泊めてもらうという形が定着してきたのだ。

これだけ聞くと一般の方々は「いいじゃないか」と思われるかもしれない。知らない人の家に世話になることで、家族ごとの環境の違いを知り、感謝の心を学ぶというのは、一見非常に意味のある体験に思える。それは確かに貴重な体験になるだろう。

しかしそれが教師の怠慢を隠すために選ばれているとしたらどうなのか。修学旅行で生徒たちを監督するのは教師にとって大変な重労働である。消灯時間にちゃんと寝ているか、宿を抜け出して遊んでいる生徒はいないか、他校と揉め事を起こしていないか……。

だが民泊を選んでしまえば教師の負担は大きく減る。生徒の面倒を見るのは各家庭であり、教師はのんびりくつろいでいられる。私にはこの民泊化の流れは教師が責任を放棄し、自分の仕事を他人任せにしているようにしか見えない。

修学旅行というのは、教師と生徒にとって寝起きを共にできる唯一のイベントである。生徒が「おやすみ」と言って最後に顔を見るのも先生、「おはよう」と言って最初に顔を見るのも先生。そういう特別な時間の中で、互いの関係性を深めていくのが修学旅行の醍醐味であるはずなのに、「ありがとう」と感謝される相手が民泊のおじさんになるというのは教師にとってあまりにももったいない話だ。

「あの夜、騒いでたら先生に怒られたよな」「先生、実は私らこっそり抜け出しとったんやで」……卒業して何年たっても、その思い出を肴に盛り上がることができるのが修学旅行の楽しさである。

修学旅行だけではない。すべての学校行事が何のために作られ、何のために行われているか。今一度じっくりと考え、昨今の形骸化されたイベントをただこなすだけの状況から抜け出さなければならない。

14.「脱ゆとり教育」とアクティブラーニングでこれからの学校はどうなる？

近年教育に関する言葉でもっともポピュラーになった言葉が〝ゆとり〟ではないだろうか。

「ゆとり世代とうまく付き合うには？」というのは管理職の共通の悩みであり、酒の席では「これだからゆとり世代は困るんだよなぁ」という苦言が当たり前のように囁かれる。深夜のテレビドラマでも『ゆとりですがなにか』というものがあったし、最近は〝ゆとり世代〟よりさらに若い世代を指す呼称として〝さとり世代〟なるものまで誕生している。よきにつけ悪しきにつけ多くの人の頭の中に〝ゆとり世代〟というイメージが定着していることは確かなようだ。

ゆとり世代とは一般的にゆとり教育を受けた世代のことを指す。それまでの知識詰め込み型の学校教育から思考力、情操教育に重きを置く内容に変化したのが２００２年施行の学習指導要領からで（小中は２００２年、高校は２００３年施行）、その時期に学校に通っていた生徒がそう呼ばれている。いわゆる〝総合的な学習の時間〟に代表される、全人教育が推奨されていた時期である。

ご存知のようにゆとり教育は学力の低下を招き、現在はその反動として〝脱ゆとり〟の流れが主流になっている。再度授業時間を増やし、カリキュラムの内容も増量しようというわけである。

しかし私はここにも看過できない問題点があると思っている。それは馳浩文部科学大臣の「脱ゆとり宣言」からも感じられるが、現在の教育行政は脱ゆとりという看板を掲げながら、同時にアクティブラーニングの強化も訴えているのだ。

アクティブラーニングとは本来、自分たちで問題を解決する〝自主性〟、体験で得た知識を他の分野に活かす〝応用力〟、ひとりではなく共同で意見を出し合い物事を進めていく〝協調性〟を重点的に学ばせるものである。学校行事などはまさしくこの視点に立ったものだが、今回の文部科学省の狙いは授業をアクティブラーニングの視点で改善しようというもの。だが、言うまでもなくアクティブラーニングの発想自体が〝総合的な学習の時間〟を継承するもので、ゆとり教育以外の何物でもない。

脱ゆとりとアクティブラーニング、それぞれに効用があることはわかるが、2つの施策の内容は方向性的に真逆であると言っていい。この2つを同時に目指すのはいわゆるダブル・スタンダードを生むことにつながり、学校内に混乱を引き起こしている。

脱ゆとりというのは、すなわち量的学力重視ということである。とにかく知識量を増やし、テストの点数を上げていこうということである。一方アクティブラーニングが目指すのは単なる知識量としての学力よりも、人間力も含む学力の質。クラスの仲間と討議しながら、経験の中で生きた知識を学んでいくことを重視している。

どちらも教育としては正しいが、2つを同じ土俵に上げることはできない。方向性が正反対であるからだ。そんな矛盾した状態のまま投げ出されているのが、今の教育界の現状である。

このダブル・スタンダードが致命的なのは、現行の受験システムが知識偏重のまま止まっていることにも起因している。アクティブラーニングを強化したいと言うなら、大学の受験制度もそうならないと生徒も学校も付いてこない。たしかに推薦入試やAO入試など人間性に重きを置く制度もいくつかはあるが、それでもメインはまだ知識重視である。受験制度が変わらないのなら、誰も本気でアクティブラーニングに取り組もうとしなくなるのは当然の帰結だろう。

こういういびつな制度が通用する状況でもっとも被害をこうむるのは、学校を信じて真面目にやっている生徒たちである。彼らは学校の言う通り、真面目に脱ゆとり教育に励み、同時にアクティブラーニングにも積極的に参加する。しかし悲しいかな、それはどちらも中途半端なものにしかならない。そしていざ受験になったとき、私学や塾に通って受験向けの学力を徹底的に磨いてきた生徒たちに負けてしまう。

現在の状況に意識的な子どもたちは、もはや公立高校を見限り、私立や塾に行くことで自分の進路を切り拓こうとしている。実際大阪では「公立高校は絶対大学受験で負ける」というのが定説となっており、それに行政の私学助成が重なって、生徒は私学に雪崩れ込んでいる。その結果として、定員割れを起こす公立高校が出ているという始末だ。

先を見越してうまく立ち回れた生徒が受験に成功して、国の決めたカリキュラムを素直に信じた生徒が馬鹿を見るというこのダブル・スタンダード……はたして公教育がこのような制度を野放しにしたままでいいのだろうか。「これもまた社会の縮図だから」とうそぶくことは、どうも私にはできそうもない。

このような現状を踏まえた上で、改めて〝ゆとり世代〟という言葉の流行を考えるとこれまで目につかなかったことが見えてくる。

たとえば「僕らゆとり世代だから、そういうのダメなんすよ」などと話す若者に、「じゃあおまえは塾に行ってなかったのか？」と訊いてみる。もし行っていたと答えるのなら、その子はゆとり世代のフリをして、脱ゆとりの学習塾に通い、チャッカリ他を出し抜いていたわけである。〝ゆとり〟の皮をかぶって、大人の視線をヘラヘラとやりすごそうとしているのだ。私にはそういう態度が一番腹立たしく感じられる。

そもそもゆとり教育を採用したのは、カリキュラムを詰め込まない代わりに情操教育をちゃんとしようという理想があったはずだ。それが今やこのていたらくである。

しかも現場は形骸化したワンパターンの授業にとらわれ、「机を合わせたグループ学習の形をとればアクティブラーニング」「ＩＣＴを利用した授業で生徒がタブレットの操作をすればアクティブラーニング」などの低レベルな認識が後を絶たない。

無論その原因は、矛盾に満ちた教育制度を作り出した現在の教育行政、そして教育委員会にある。歪んだ制度の下で育つ子どもたちに罪はない。一刻も早く彼らをこの不条理から解放してやることが必要だ。

15. 大阪府立高校 アドミッションポリシー受験という愚行

アドミッションポリシー（以下ＡＰ）という言葉を知っているだろうか？

これはそれぞれの高校が、自校の求める生徒の人物像を能力や適性なども含めて提示した文章のことである。たとえば「主体的に学ぼうとする意欲に溢れる生徒を積極的に受け入れます」とか「自分の考えを的確に伝えるための表現力を身に付けている人を求めています」とか、そういうものだ。

そのＡＰを利用した受験制度が２０１6年3月の入試からはじまった。具体的にどんなことをするかというと、生徒が提出した作文と調査書を、学校側は事前に発表してあったその学校のＡＰに照らし合わせて精査し、学力検定の上位90％から１１０％の者の中から学力検定の結果を無視して定員の10％の合格者を決めるというものである。つまり学校は「こんな生徒を求めています」という求人条件（＝ＡＰ）を発表し、生徒は「私はその条件にこれくらい適しています」とアピールし、両者の思惑が合致すれば合格となるわけだ。

これは建前上は「学校と生徒とのミスマッチをなくすために導入された」と言われているが、2年前にこの制度を行うと聞いたときから私は「こんなことがうまくいくはずがない」と思っていた。実際他の先生と話しても、みんな「こんなんあかんよな。無理だよ」と言っている。しかし「目を付けられたら校長になれんから」という理由から誰もこの制度の不具合に言及しなかった。行政のしめつけが成功して、誰も文句を言えない環境が出来上がっている証である。

ではＡＰ受験の一体何がいけないのだろう？　それはこの制度が抜け道だらけの不完全なものだからである。

考えてもみてほしい。学校側は生徒が提出した作文と調査書だけで、その子の合否を決定するのである。その作文を生徒本人が書いたと誰が判定できるだろう。当然作文は生徒の自筆であることが義務付けられている。だとしたら草稿の段階でアドバイスするのはＯＫなのか？　清書に手を入れなければそれでＯＫということか？……

百歩譲って、受験会場に生徒を呼んで作文を書かせるというのならまだ納得もできる（それでも事前に教師の入れ知恵が可能なことは否定できない）。しかし作文は〝提出〟でいいのだ。そもそも作文なんて自分の都合のいいようにしか書かないものだが、それが提出でいいのなら、さらに好き放題できるし、そこに他人の手が加わっても読む側は誰も判別できない。そんなブラックボックス的なシステムで子どもの人生を左右する合格・不合格が決まってしまうのは、あまりにもずさんではないだろうか。

かたや受験で採点ミスがあれば鬼の首をとったような大騒ぎになるというのに、一方ではこんな不条理なやり方で入学が決まってしまう。まるで蟻をも通さぬ検問をしているすぐ横で、巨大な抜け道が口を開けているようなものである。

受験の合否というのは、学校の根幹に関わる重要なことだと思っている。その合格基準があやふやになるということは、学校教育というもの自体があやふやになることだ。このずさん極まりないＡＰ受験が許されるということは、日本の学校教育がますます堕落していくことを示しているようで、私には到底耐えがたい。

一体どうしてこんなことになってしまったのか。理由は本書でも何度か書いてきたように「とにかく何かを変えないと評価されない」という大阪府教育委員会の悪習のせいである。自らの評価を上げるため、彼らは変えなくてもいいことまで変えようとする。余計なことまでやろうとする。彼らが今回評価のためにデッチあげたのが、このＡＰ受験という〝新しいシステム〟だったのだ。

ＡＰは行政が勝手に決めたものである証拠に、現場で働くほとんどの教師はこの制度のことを醒めた目で見ている。ＡＰ受験が導入されたこと自体知らない先生もいるし、自分の学校がどんなＡＰを発表しているか読んだこともないという先生は実に多い。

結局これをやるのは管理職であり、現場にいる自分たちは関係ないと思っているのだ。実際ＡＰの合格者は校長と教頭しかいない密室で決められることがほとんど。彼らは「こんなひどい制度、すぐに中止になる」と思っているのだ。とにかく大阪でＡＰは定着していない。世間でもこんな受験制度ができたことすら知られていない。

ではＡＰ受験で受け入れる側ではなく、ＡＰ受験で生徒を送り出す側の反応はどうなのか。私は中学校の先生にも取材してみたが、みな一様に困惑している様子だった。作文が子どもの考えの上で書かれることは当然だが、教師としてどこまでそれを見てやるべきか。誤字脱字だけのチェックにするべきか。もっと口を挟んでやった方がいいのか。

こういうことに対して、いつも振り回されるのは真面目な教師だ。そして彼らは「なるべく手を加えない」ということを選んで、結局損をしたりする。それは生徒も同様。無責任なお上の気まぐれに一番振り回されるのは、いつも一番末端で一番真面目に取り組んでいる教師や生徒なのだ。

いま私が危惧しているのは、今年はじまったＡＰがここ数年のうちに廃止、または内容をコロコロ変えていってしまうことである。そんなことになったら、今年ＡＰで入学した生徒の立場はどうなるのか。彼らにとって〝合格基準〟というものはどうなるのか。行政はそこまで考えた上でこの制度を施行しているのか、今一度私は問い掛けたいと思う。

特別コラム

三輪山《みわやま》が教えてくれたこと、日本人の倫理観

三輪山に登りました。

いつもより善い人になれました。

私の日常のすべてが善良かといえば自信がないのが本音です。どちらかといえば罰当たりな人間かもしれません。そんな私は三輪山にお参りするのが大好きです。

私は神道崇拝者ではありません。だけど生活文化としての神様は大好きです。日本人として神社仏閣の前では自然に神様にお祈りします。

三輪山は大神(おおみわ)神社のご神体。大神神社は大物主(おおものぬし)命の幸魂(さきたま)、奇魂(くしたま)(=和魂(にぎたま)、雨や日光の恵みなど、神の優しく平和的な側面で神の加護の表れ)をお祭りしています。

登拝には摂社の狭井(さい)神社にて手続きとお祓い(自祓)が必要です。狭井神社は大物主命の荒魂(荒ぶる魂であり、天変地異、災いを引き起こし、病を流行らせ、人の心を荒廃させて争いへ駆り立てる神の働き。神の祟り)をお祭りしています。

神は和魂、荒魂の表裏一体。

日本人は古来より三輪山に限らず大自然の中に神を感じてきました。それが八百万の神々の存在になりました。

大雨、日照り、雷、地震、疫病など天災が起こればそこに神の存在を畏怖として感じる。災いが起こらぬよう人々は自らを律し、善行をもって生活する。その恵みとして農産物や平穏な生活を得、神のご加護に感謝する。

そんな三輪山に登らせていただきました。

受付後、御幣(ごへい)にて自ら お祓をし、鈴のついた襷をかけ入山します。

道行く人、全ての方と「こんにちは」と挨拶を交わすことができました。全ての方が声に出し、挨拶を返し、又は先に挨拶をしてきてくださります。

大自然の清廉な空気に背筋も伸び、心身共に引き締まる思い。汗を流し、息を切らせ懸命に山頂を目指します。

木々や、磐座(いわくら)に神様が居られ心の中を見つめておられるような気がします。

山頂の磐座にて真剣にお祈り。

目を閉じ、柄にもなく世の人の幸せを祈念する。

鳥が頭上で羽ばたきました。鳥は古来より神の使い、又は神そのもの。神社の鳥居は鳥が居る、すなわち神が居る場所。

神様来てはる。

ありがたや、ありがたや。

さあ下山。

ええことした。

清々しく晴れ晴れ。

登拝が終わり結界を出れば日常にもどります。

誰も挨拶を交わしません。清々しい挨拶は何だったのだろう。皆、同じ襷をかけることによる仲間意識だったのでしょうか。山登りのマナーなのでしょうか。

勿論それもあるでしょう。

しかし皆さん、神の前では善良であらねばならないと無意識のうちに己を律したのではないでしょうか。神の祟りを怖れ、ご加護と恵みを祈る。そのことの条件である善行が挨拶として体現されていたように私には感じられました。

大自然の前に畏怖を感じ、己を律し、善行を施す、神はその善行に対し、災いを封印し、ご加護や恵みを世に与える。神を崇めるとは自然を大切に扱い、自然の恵みに感謝して倫理的に生きること——。

長きにわたる歴史的な生活文化の積み重ねが、日本人の倫理観を世界に誇れる質に高めてきたのです。

今、日本の倫理観にほころびが見えてきていると感じているのは私だけでしょうか。

これまでは神や大自然の前に己を律するように、子どもは親の愛と威厳に己を律してきました。学校の先生の前に己を律してきました。スポーツ選手は監督やコーチ顧問の前に己を律してきました。そしてそうやって装うことがいずれ本質へと昇華するものと思われてきました。

つまり、大自然や神に畏怖する構図が、家庭や学校、地域にも多く感じられてきたのです。

このようなことを書けば古典的な指導者、教育者、管理主義者、罷り間違えば先の大戦の軍国主義者のようなレッテルを貼られてしまうのかもしれません。

しかし、これは今日の環境問題に関してもいえることです。

「自然環境保護」「自然を大切に」と世界的に自然環境保護に関する価値観は高まる一方ですが、日本人は古来より自然環境の中に八百万の神々を感じ、世界的にも極めて優秀な自然保護にたけた民族でした。科学的な環境問題解決が叫ばれる遥か昔より、日本人は環境問題に対し生活文化の中での優秀な実践者であったのです。科学的学びに頼らずとも生活の中で学びとってきたのです。

ここでも、生活の倫理観や自然保護について、日本人は世界に誇れる行動様式を体得してきたといえるのではないでしょうか。

日本人の高い倫理観のベースにあるのは、ある時は神や大自然に対する畏怖であったことでしょう。ある時は人様に後ろ指をさされぬようにという〝恥の文化〟だったことでしょう。またある時は〝お天道様が見ている〟という意識が日本人を倫理的に律してきたのかもしれません。

ここで改めて青少年問題に目をやってみましょう。

単純に子どもたちが何らかの畏怖を感じる場所が増えれば、良い子になれるケースは増えるように思われます。

フレンドリーな関係も大切ですが、それだけでは安心安全と成長は図れません。

私も教員生活の間、怖い先生として正門に立ち続けました。そのせいか、みんなとても良い子どもたちに育ちました。

ご加護の無い神仏は忘れ去られます。世間に顔向けできない人間は相手にもされません。

三輪山はそれを教えてくれます。

世間はこれを宗教学習と呼ぶのでしょうか。

注：三輪山とは奈良県北部の桜井市にある山。古くから大物主大神の鎮まる山として、信仰の対象となってきた。大神神社は三輪山のふもとに広がり、大神神社の境内にある狭井神社に三輪山への参拝口がある。

第3章

これからの日本の教育のために

私が一番やりたいのは若い先生を育てること

最終章となるこの章では、これからのことについて書いていきたいと思う。私自身のこれから、そして日本の教育のこれから……未来に向けていま私が考えていることを綴っていくつもりだ。

まずは私自身のことについて。

第1章の最後でも触れたが私はいま無職生活を満喫している。2015年4月の選挙で敗れて以降、落ち込んでいる時間もあったが、その中で改めて自分の進むべき道について考え、そこに行くための活動を少しずつスタートさせたところだ。

その活動のひとつとして、この夏から現役の先生たちを対象にした研修会をはじめることにした。

私が自分自身を見つめ直す中ではっきりとわかったのは、私が一番やりたいのは野元先生が私にしてくださったのと同じように若い先生を育てていくことである、ということだった。

　直接子どもたちを見ている先生たちに、もっと教育の面白さを伝えていきたい。自分が就いている職業の重要性をもっとわかってほしい。もっと有用なテクニックを知ってもらいたいし、より効果的に生徒指導に励んでもらいたい。いきいきとした先生が増えていけば学校が楽しくなり、生徒たちもさらに意欲的に学べるはずである。その中からリーダーになる先生が出てきて、さらに若い先生を鍛えてくれれば、ますます教育の現場はよくなっていく。

　そのために私は、教員の教育に従事したいのだ。いわば「先生たちの先生になる」ということである。私はこれまで30年間の教員生活で得た経験値や知識を、熱い気持ちを持っている先生のためにすべて伝えたいと思う。

　最初は週に1回でもいい。生徒となる先生が3人しかいなくてもいい。そこでは私同様「やっぱりおかしい」と今の教育行政に対する不満や疑問を持っている先生からの相談も受けていくつもりである。

そういう〝対・先生〟に向けた活動とともにいま考えているのが、〝対・保護者〟への活動である。

選挙に出馬して街頭演説をしたことでわかったのは、世の中には学校の内部の情報がまるで伝わっていないということと、子どものことで悩んでいる親御さんはたくさんいるということだった。

そういう人たちの役に立てないかと思ったのだ。私が知っている、学校の頑張っている部分、間違っている部分――それを講演などで話すことで現在の教育行政がどうなっているかを伝えていきたい。そして子どものことで悩んでいる保護者に対しては相談や研修という形で、なんとか手助けをしたい。

私は生涯一教師として
これからも生きていくのだろう

そもそも今の世の中に対して「どこかおかしい」と思っている人は、私以外にも数多くいると思っている。

マスコミに誘導され、一部の特殊な声（たとえば人権派とか教育評論家とか呼ばれる人たち）に振り回され、教育も世論もおかしな方向に流されているのが現状だ。それに対して多くの人は傍観者的な立場で眺めているが、さすがにそろそろ「それは違うんじゃないか？」というレベルまで状況は来ているのではないだろうか。

私が第2章で書いた〝体罰〟や〝叱ること〟についてもそうである。「自殺はあかん」とはっきり発言することも同様だ。

現在それらは〝絶対に許されないこと〟の一点張りで完全に社会から抹殺されているが、はたしてそれは本当に正解なのか。私も「体罰＝いいこと」とまでは言わないが、少なくとも「それはアリなのか、ナシなのか？　状況や相手によってはアリとなる可能性もあるのではないか？」といった程度の話し合いはあってしかるべきだと思う。

おかしいことは「これ、おかしくないか？」と指摘して、一緒に直していけばいいのだ。たとえ一時的にトラブルが起こっても、それを乗り越えていけばいいのだ。そういう作業をひたすら避け、一方的に価値観を押し付け、反対する者や考え方を排除しようとする今の教育委員会のやり方に私は心から憤りを感じる。自分と意見が合わない者に対する寛容さを、いつから行政も教育現場も失ってしまったのだろう。

選挙に関しては、次回また挑戦するかどうかはわからない。多くの教え子や支援者たちは「もう一回頑張りましょうよ！」とか「ここで引き下がってもいいんですか？」という意見のようだが、本来私は政治家になりたかったわけではない。教育の現場がよくなってくれるなら、それでいいのだ。

ただ、現状の行政に対する義憤や反発といったものは誰よりも強く感じている。今後、私が研修会や講演活動を行っていく中で、「やはり自分自身が行政の上に立ち、変えなければダメだ」と思ったならば、誰かに言われるまでもなくもう一度立ち上がることになるだろう。

次回の統一地方選挙まであと2年半。そのときに私がどういう判断を下すかは、そのときになってみなければわからない。

それまで私は自分にできることをやっていこうと思う。子どもに対して直接という形ではないが、教師に対して、学校に対して、保護者に対して、行政に対して、私は私なりに子どもの育て方というものを伝えていくつもりだ。

やはり、どこまでいっても私は教師なのだ。学校にはいなくとも、担任を持っていなくとも、私は教師なのだ。おそらく生涯一教師としてこれからも生きていくのだろう。

今は直接生徒を教えていないがゆえに、学校にいたとき以上に「自分は教師である」という自覚が高まっている。今の私に一体何ができるのか？ 間接的に子どもたちに何を与えてやれるのか？――これからもその問いを胸に未開の大地を歩き続けるつもりだ。

「あなたたちは本当に社会貢献する気があるのか？」

そして今、私は教師という職業についても改めて考えている。教師とは何だろう？学校で授業を教え、給料をもらっていればそれで教師なのだろうか？私が思うに、教師とはただ単純作業をこなして給料をもらうというような職業ではない。本当に子どものことを考えられる人こそが教師である。

塾の先生、スポーツクラブのインストラクター、お医者さん……世の中には〝先生〟と呼ばれる人が数多く存在するが、子どものためにという想いを持っている人は全員教師である。問題は学校で教えているかどうかではない。子どもに対する想いと技術、そして力を備え、なおかつ「自分は教師である」という強いプロ意識がある人こそ教師なのである。

そう考えると昨今の〝学校の教師〟に私は強い不満を感じる。

そこには教師の採用基準の問題もあるだろう。私はたとえ指導技術は拙くとも熱い気持ちのある人に教師になってもらいたい。そんな人たちに研修を施し、成長を促すというのが一番の理想だ。しかし学校自体が子どもに正しい教育を授けられる環境になければ、いくら優秀な教師が育ったとしても何の意味もない。

私が今の学校に一番問いたいのは「あなたたちは本当に社会貢献する気があるのか?」ということである。言い換えればこういうことになる。

「あなたには今後の世の中を支えていく子どもたちを作っていこうという気持ちが本当にあるのか?」

その使命感を持っているかどうかが、今はもっとも重要だと感じる。

もちろん各学校の教育理念を読めば「社会貢献のできる生徒の育成を目指し……」といった立派な文言が踊っている。しかしいざフタを開けてみれば、結局すべての教師が気にしているのはトラブルを起こさないことと進学率という数字だけだ。

もちろん学力をおろそかにする必要はないが、彼らが卒業後、世の中に出ることまで考えていたら、道徳心や人間味についての指導も外せないはずだ。今の学校でもっとも欠けているのは、その全人教育の部分である。

全人教育とは知識・技能教育に偏ることなく、感性・徳性なども重視して人間性を調和的・全面的に発達させることを目的とする教育のことである。野元先生も常に「全人教育の視点を持て」と言われていたが、授業もまた教科指導をひとつのツールとした全人教育の一環であると考えなくてはいけない。

学力よりもまず先に全人教育ありき――その視点が欠けている学校は、学習塾と何ら変わらない存在となっていくだろう。

せめて学校くらいは究極的にピュアな場所であってほしい

そんな私が今後の学校に提案したいのは「学校という場所はもっともっと純粋な場であってもいいのではないか」ということだ。

たとえば教師と生徒で「社会正義とは何か?」ということについて討論してもいい。「真の幸福とは何か?」ということを授業で話し合ってもいい。善と悪の境目について考察してもいい。世界中が平和になるためには何が必要かということについて意見を戦わせてもいい……。

つまり私は学校ぐらいはさまざまな問題に対してとことん真剣に向き合える場であってほしいと思うのだ。「よう恥ずかしげもなくそんなことが言えるな」ということを恥ずかしげもなく言えて、感じ取れる場所が学校であってほしいとつくづく思う。

おそらく子どもたちは最初のうちは「そんなテレビに出てくる正義の味方みたいなこと言って……」と醒めた目でこっちを見ることだろう。しかしこちらが本気で取り組んでいることを感じると、彼らは必ず一目置くようになる。

今は教師も生徒もすべてが現実主義、実利主義に陥っていて、熱いことや一生懸命やることにシニカルにふるまう傾向がある。「しょせん世の中ってそんなもんでしょ？」とか「そんなこと言ったって、社会に出てみたらそんなこと通用しないよ」とうそぶいて、常にラクな方向、自分が傷つかない方向に進みたがる。

しかしだからこそ、学校にいる間くらいは真実に対して敬虔《けいけん》であってほしい。せめて学校くらいは究極的にピュアな場所であってほしい。

学校を卒業して社会に出てしまえば、否が応でも世間の泥にまみれてしまうのだ。だったらそれ以前の〝人生の準備期間〟である学生時代くらい、徹底的にピュアに生きてもいいのではないか。そこで人としての土台を築くことができれば、卒業後どんな苦境に陥ったとしても子どもたちは乗り越えていけるはずである。

その〝究極的にピュアな教育現場〟を成立させる上で必要なのは、教師と生徒の間に愛情と信頼に基づく絶対的な服従関係を作っておくことである。

生徒の心に中途半端な遠慮やプライドがあるうちは、教師がいくら親身になって指導しようとしても子どもの中に入っていかない。入ったとしてもそれはさまざまなフィルターに絡めとられて、非常に薄いものになってしまう。

それが最初に両者の間の垣根を取り払って、信頼に基づく服従関係を作っていれば、生徒たちは純粋な環境の中で純粋に頑張ることができる。こちらが伝えたことをスポンジのように素直に吸収できる。

これにより人間的に強固な土台を作ることが加速度的に早くなるのだ。

〝信頼をもって成り立つ服従〟と〝愛情をもって強制すること〟

昨今の教育の弊害のひとつは、多くの人が感じているように、何でも子ども本位でやりすぎていることである。いわば大人や学校から甘やかされた状態。生徒に授業アンケートをとらせるなど子どもたちのニーズに応えすぎてしまったがために、逆に子どもたちの成長が阻害される状況になっているのが今である。

子どもたち本位の教育になったがために、生徒たちはどう変わったか？

彼らは自分の嗜好に合わないことはやらなくなった。わずかなストレスでも挫けやすくなった。それにより社会に適合できない子どもや、インターネットの中でしか生きていけない子どもが増えた。その延長線で引きこもり、ニートといった現象や、気に入らない他人がいると簡単に暴力をふるうという事件も頻発するようになった……。

今の社会にあふれる問題の根幹にあるのは教育の不備であり、ここを正していかないと日本の未来が危うくなるのはもはや自明の理である。

そのために私が必要だと思うのは、改めて言うが〝信頼をもって成り立つ服従〟と〝愛情をもって強制すること〟である。

今後ますます多様化していく国際社会の中で子どもたちに必要なのは、どんな現実にも多様に対応できる土台である。ひとつのニーズにしか対応できない子どもを作ってしまったら、彼はその道しか対応できなくなる。社会に出たら他人のニーズに合わせることも覚えなければいけないし、自分のニーズに合わないこともやらなければいけない。なんらかの事情で自分の進む道が途絶えたときも、違う道への対応力があればそこで終わりにならずに済む。

どんなものにでも対応できる土台を作るには、まずは強制が必要なのだ。土台ができたら、そこから先は自分の意志で好きにすればいい。

特に小中高という発達段階は多くのことを学ばなければならない大事な時期であ

る。だからこそ私は強制によって〝ひとまず〟すべてのことを吸収させ、〝ひとまず〟人間としての土台をしっかりと作っておくことが必要だと思う。

あまり〝強制〟や〝服従〟と口にすると、言葉のネガティブなイメージから敬遠する人も多いだろう。しかし私には「いいことを強制するのに何が悪いのだろう？」という想いも正直ある。

むしろ私は今の教師や保護者たちに「〝自主性〟や〝自発性〟〝自尊感情〟といった見栄えのいい言葉に踊らされて、子どもたちへの真の愛情をおろそかにしていませんか？」と訊きたい。

本当にその子のことを愛しているなら、生きる上で大事なことを教えなければいけないのではないですか？　本当に強く立派な大人になってほしいのなら、厳しさや苦しさから目をそらしていてはいけないのではないですか？……

みなさんもこれを機会にもう一度考えてみてほしい。

子どもを育てるとはどういうことか。これからの社会に必要なこととは一体何なのか――。そのことが日本の将来を決めていくことにつながるはずである。

あとがき

教師の幸せって何だろう？

それは私が教師になって30年間、ずっと考え続けてきたことだ。

教師をやっていて私がもっとも「幸せだな」と感じるのは、生徒たちの心が震えて泣くシーンに立ち会えたときである。または、それを作ってやることができたときである。

たとえばクラブで試合に勝って嬉しくて泣く、試合に負けて悔しくて泣く、しんどいけれど頑張っている顔、真摯に机に向かっている顔……私は彼らのそういう表情を見ているだけで感動する。心を打たれ、美しいと思う。ましてやそれが以前は荒れていて、ロクに人の話も聞かなかったような生徒だとなおさらである。

最初はこちらをにらみつけて「センコー」と言っていたような生徒が卒業式でワンワン泣いている。ヤンチャばかりして学校を休みがちだった生徒が、教室で友達と楽しそうにしゃべっている。また、そんな子たちが卒業して「結婚しました」「子どもができました」という連絡をくれる。

私はそういうひとつひとつが嬉しくて仕方ない。子どもたちがいきいきしている姿を見るのが幸せで仕方ない。

時折「これってもしかしてヘンな性癖なんかな？」と思うこともあるが、しかしその一方で教師というのはそういう人じゃないとなってはいけない職業だとも感じている。自分のことを考えるよりまず先に子どもたちが輝き、すくすくと育っていく姿に幸福を感じられる人こそ教師に向いている人である。

そういった教師としての幸福をこれまで数え切れないほど感じてきたが、教師を退職した昨年以降、ますます「教師になってよかったな」と感じる機会が増えた。

それは私の学校退職、選挙出馬、落選……という行動に多くの元教え子たちが反応して、わざわざ会いに来てくれたり、メールをくれたり、または手弁当で選挙の手伝いに来てくれたりしたからだ。

「大丈夫？」「どうしたの？」「なんか手伝おうか？」「次も頑張ろうよ！」……彼らはそれぞれの言葉で私を心配して、または私を励まそうと集まってくれた。落選した直後の落ち込んでいる期間に、ある元教え子は「先生、ちょっと相談に乗ってほしいことがあるんですけど」と言って私に近づいてきた。しかし彼は自分の相談はそこそこに「で、先生は最近どうしてるんですか？」と訊いてきた。

彼は私が「大丈夫ですか？」と訊かれると、「おれは大丈夫だから、おまえらは自分のことを考えておけ！」とはねつける性格だということを十分知っているのである。だから、あえて自分が相談するという体を装って私の近況を探りに来たのだ。

私が十数年前に面倒を見ていた生徒が、今はそういう心遣いができる大人に成長した。私のことを心配して、忙しいなか駆けつけてくれている……それだけで私は「泣かしよんな、こいつ」と思った。たまらない気持ちになった。

それは嬉しいという一言では片付けられない。これまで自分のやってきたことが報われたような、認められたような、満たされた気持ちに包まれたのだ。

私がこれまで教師としてやってきたことは間違ってなかった――彼らが私に教えてくれたのは、つまるところそういうことである。

「高校時代の3年間だけでなく、生徒と一生付き合うつもりで接しろ」――私は野元先生に教えてもらったように、若い先生にも繰り返し繰り返しそう教えてきた。

卒業生の数ほど感動がある。それがわかる先生になってほしい。教師と生徒という関係ではなく、あくまでも人と人。「いつでも連絡してこいよ」という関係を保ちながら、卒業後も一緒に人生を歩んでいけたら最高だ。

昨今は同窓会で集まったときでも担任の教師の名前を憶えていない人が多いという。私には担任もしていないのに集まってくれる生徒がこんなにいる。それは本当に幸せなことだと痛感する。

卒業後にわかることも多い。

「今だから言うけど、あのとき先生にこんなことされて本当につらかったんやで」

「あの3年間で先生のこういうところがイヤだった。ただトータルで考えたら、今は先生に感謝してるよ」……。

同窓会の場で、卒業生と酒を酌み交わしながら話す言葉には真実がある。時間がすぎないとわからない正解もある。そのときはイヤだと思っても、後で考えたら役に立った言葉。当時思っていたけど伝えられなかった本音。齢を重ねて、やっとこちらの本意が届いた瞬間……私たちにとってゴールは卒業式ではない。答えを教えてくれる卒業生たちの声に耳を傾け、常に自分がやってきたことの検証作業を続けることで教師の意識も深まっていく。

そう考えると、教師の価値というのは教え子たちが証明してくれるのかもしれない。

私の場合、元生徒たちはいろんな言葉をかけてくれる。「先生、先生には先生がおうてるで」「先生は先生らしくやらなあかんよ。おれは先生のやってることが正しいと思っているから」――そんな彼らの言葉が私の心の支えになる。時折「自分は間違っているんじゃないか？」と迷うときでも、彼らの言葉が立ち直らせてくれる。

私には「先生は先生らしくやり通してや」と言ってくれる教え子たちがたくさんいる。本気で信じてくれる彼らがいるからこそ、私は彼らのために負けられないと思う。彼らが「間違ってない」と信じてくれた信念を、ここで私が曲げるわけにはいかない。

いま私が挫けることなく進んでいけるのは、彼らの存在があってこそである。いくらそれが茨の道でも、私の後ろにはたくさんの教え子たちが付いている。

私は自分が育ててきた生徒たちによって、今度は生かされているのだ。

●

今回、この本を上梓したのはすべて未来の日本の教育がよくなってほしいという想いからである。

別に私は批判本を書きたいわけでも暴露本を出したいわけでもない。また、こうしたらこうなるという安易なマニュアル本を作りたいわけでもない。

本気で頑張っている先生が学校にはいて、そんな彼らをちゃんとサポートしてほしいというだけである。教育現場の難しさと現状を多少でもわかってもらって、教育についての理解を深めてほしいだけである。

何度も書いたように、教育はすべての原点である。これからの社会を作っていくのは子どもたちであり、そんな彼らに何を教え、どういう人間に育てるかによって、未来の風景は変わっていく。

世の人々にはそのことにもっと意識的になってほしいし、願わくば「おれがその役割を担ってやる！」と立ち上がる若い先生がもっともっと増えてほしい。

私が野元先生から受け取った愛情と技術の一端はこの本に詰め込んだつもりである。少しでもそれが役立ってくれればこんなに嬉しいことはない。

最後にこの本を出版するにあたって、多くの人の尽力があった。

ザメディアジョンの田中朋博さんとライターの清水浩司さんには、この本を制作する上で大変お世話になった。

しかし、この本を作るための一番のエネルギーになったのは、これまで私の下で学生生活を送ってくれた教え子たちの存在である。

私は君たちに育てられて今がある。君たちを叱り、君たちを怒り、君たちに笑わされ、君たちに泣かされ、君たちに教え、君たちに教えられた結果が今の私である。高校時代、私の指導を受けてくれ、なおかつ現在、人生を一緒に歩んでくれている教え子たちに最大の感謝を述べたいと思う。

もちろん、私の家族、同僚の先生たちの助けがあったことも忘れてはいない。

最後に、私の永遠の恩師である野元良実先生に本書を捧げたいと思う。先生、私はこれからも先生の教えを世に伝えるため、頑張っていきます。

平成28年11月30日

近田直人

【プロフィール】

著者：近田 直人　Naoto Konda（こんだ・なおと）

1962年11月26日生まれ。大阪府八尾市出身。八尾高校から筑波大学に進学。学生時代はラグビー漬けの日々を送る。1986年、大学卒業後に故郷の大阪に戻って体育教師となる。住之江高校を振り出しに、高津高校、住吉高校、柏原東高校、平野高校、清水谷高校で教鞭をふるい、特に柏原東高校では遅刻・欠席・退学者の数を大幅に減らすことに成功する。平野高校では教頭を務める。2015年に清水谷高校を退職すると、「現在の教育行政を変えるため。そして教育現場の今を知ってもらうため」という想いから4月に行われた統一地方選挙の大阪府議会議員選挙に無所属で出馬。健闘したが得票率5.0%で落選する。現在は若手教師のための研修会を主催するなど“先生たちの先生”として精力的に活動中。ちなみに学生時代にはじめたラグビーは大阪教員団チーム（現在はトップウェストBリーグ所属）で54歳となる今も現役ラガーマンとしてプレイしている。現在、こんだ直人教育研究所代表として若手教師の人材育成や教師、保護者生徒に向けての相談活動、講演活動など幅広く展開している。

自慢の先生に、なってやろう！
～ラグビー先生の本音教育論

〈検印廃止〉

2017年1月27日　第1刷発行

著　者　近田直人

構　成　清水浩司
発行者　山近義幸
発行所　株式会社ザメディアジョン
　　〒733-0011　広島市西区横川町2-5-15　横川ビルディング
　　電話　営業部 082-503-5035　　編集部 082-503-5051
　　FAX　082-503-5036
　　http://www.mediasion.co.jp
印刷所　株式会社シナノパブリッシングプレス

 ISBN978-4-86250-480-7 C0037